Melhores Poemas

FERREIRA GULLAR

Direção de Edla van Steen

Melhores Poemas

FERREIRA GULLAR

Seleção
ALFREDO BOSI

8ª Edição, Global Editora, São Paulo 2016
1ª Reimpressão, 2023

Jefferson L. Alves – diretor editorial
Gustavo Henrique Tuna – editor assistente
Flávio Samuel – gerente de produção
Flavia Baggio – coordenadora editorial
Fernanda Bincoletto – assistente editorial
Danielle Costa – revisão
Eduardo Okuno – capa

CIP-BRASIL. CATALOGAÇÃO NA PUBLICAÇÃO
SINDICATO NACIONAL DOS EDITORES DE LIVROS, RJ

G983m

Gullar, Ferreira, 1930-
Melhores poemas: Ferreira Gullar / Ferreira Gullar; seleção de Alfredo Bosi. – [8]. ed. – São Paulo: Global, 2016.

ISBN 978-85-260-2273-7

1. Poesia brasileira I. Bosi, Alfredo. II. Título.

16-31886

CDD: 869.91
CDU: 821.134.3(81)-1

Obra atualizada conforme o
NOVO ACORDO ORTOGRÁFICO DA LÍNGUA PORTUGUESA

Global Editora e Distribuidora Ltda.
Rua Pirapitingui, 111 – Liberdade
CEP 01508-020 – São Paulo – SP
Tel.: (11) 3277-7999
e-mail: global@globaleditora.com.br

globaleditora.com.br
@globaleditora
/globaleditora
@globaleditora
/globaleditora
/globaleditora
blog.grupoeditorialglobal.com.br

Nº de Catálogo: **1418.POC**

Alfredo Bosi nasceu em São Paulo, em 26 de agosto de 1936 e faleceu em 7 de abril de 2021. Filho de Teresa Meli, salernitana, e Alfredo Bosi, paulista de raízes toscanas e vênetas. Cursou Letras Neolatinas na então Faculdade de Filosofia, Ciências e Letras da Universidade de São Paulo. Estudou Filosofia da Renascença e Estética na Facoltà di Lettere de Florença entre 1961 e 1962. Lecionou Literatura Italiana na USP, onde defendeu doutoramento sobre a narrativa de Pirandello e livre-docência sobre poesia e mito em Leopardi.

Voltando-se para os estudos brasileiros, passou, desde 1971, a integrar a área de Literatura Brasileira da USP, onde é professor titular aposentado e professor emérito. Membro da Academia Brasileira de Letras e da Comissão de Publicações da Academia Brasileira de Letras. Coordenador do conselho da Cátedra Lévi-Strauss mantida pelo convênio entre o Instituto de Estudos Avançados e o Collège de France.

Autor de:

- *O pré-modernismo*. São Paulo, Cultrix, 1966.
- *História concisa da literatura brasileira*. São Paulo, Cultrix, 1970. 40ª ed., 2002.
- *Historia concisa de la literatura brasileña*. México, Fondo de Cultura Económica, 1983. 2ª ed., 2001.
- "As letras na Primeira República". Em *O Brasil Republicano*, vol. II. São Paulo, Difel, 1977.
- *O conto brasileiro contemporâneo*. São Paulo, Cultrix, 1975.

14ª ed., 2002.

- *O ser e o tempo da poesia*. São Paulo, Cultrix, 1977. 6ª ed., São Paulo, Companhia das Letras, 2000.
- *Reflexões sobre a arte*. São Paulo, Ática, 1985. 7ª ed., 2002.

Cultura brasileira. Temas e situações (org.). São Paulo, Ática, 1987.

- *Céu, inferno*. São Paulo, Ática, 1988. 2ª ed., São Paulo, Ed. 34, 2003.
- "Fenomenologia do olhar". Em *O olhar*. São Paulo, Companhia das Letras, 1988.
- *Dialética da colonização*. São Paulo, Companhia das Letras, 1992. 4ª ed., com posfácio, 2001.
- *La culture brésilienne: une dialectique de la colonisation*. Paris, L' Harmattan, 2000.
- "O tempo e os tempos". Em *Tempo e História*. São Paulo, Companhia das Letras, 1992.
- *Leitura de poesia* (org. e apresentação). São Paulo, Ática, 1996.
- *Literatura e resistência*. São Paulo, Companhia das Letras, 2002.
- *Machado de Assis. O enigma do olhar*. São Paulo, Ática, 1999.
- *Machado de Assis*. São Paulo, Publifolha, 2002.
- Prefácios a obras de Benedetto Croce, Pirandello, Svevo, Araripe Jr., Euclides da Cunha, Otto Maria Carpeaux, José Lins do Rego, Cecília Meireles, Lúcio Cardoso, Dyonelio Machado, João Antônio, José Paulo Paes, Dante Moreira Leite, Domingos Barbé, Darcy Ribeiro, Oswaldo Elias Xidieh, Ferreira Gullar, entre outros.
- Artigos de crítica e intervenções culturais e políticas em vários jornais e revistas: *Brasil Urgente, Encontros com a Civilização Brasileira, Movimento, O Estado de S. Paulo, Folha de S. Paulo, Jornal do Brasil, Colóquio Letras, Novos Estudos Cebrap, Estudos Avançados, Teresa, Metamorfoses etc.*

ROTEIRO DO POETA FERREIRA GULLAR

O roteiro do poeta Ferreira Gullar – cerca de trinta anos de ofício! – pode ser visto na secreta coerência de seus motivos, imagens e afetos, ou nos cortes e nas descontinuidades com que a sua poesia acompanhou a vida brasileira nesta segunda metade do século.

A primeira leitura, imanente, discernirá temas que voltam e, mais do que isso, descobrirá um modo peculiar do *eu* lírico sentir a força da natureza e situar-se entre os objetos da cultura, modo que define o *pathos* de Ferreira Gullar e o estrema dos seus contemporâneos. Há uma personalidade poética bastante coesa no interior da obra de Gullar, que, à força de dizer-se, acaba nos dando o sentimento vivo de um tom, a visão de uma paisagem estilística, a identidade de um rosto. O leitor, à primeira vista desnorteado com as diferenças entre o imaginário solto de *A luta corporal*, o neo-realismo dos romances de cordel e a poética do memorialismo engajado dos anos 60 e 70, aprenderá, afinal, depois de algumas releituras, que Gullar foi, tem sido e é o poeta de um universo bem determinado, e não resistirá à tentação de desenhar-lhe o mapa.

A matriz do seu mundo poético é a Cidade da infância e da adolescência, aquela São Luís mítica e realíssima onde o Sol irradia por um céu cruelmente azul e arde como um fogo que é a própria figura do Tempo. A chama calcina como as horas. O fogo queima, se rápido, ou, se lento, faz o germe explodir, a polpa adoçar até o mel e, obsessão fecunda, leveda a natureza até o apodrecimento, a náusea, a inexorável combustão dos seus mais ocultos tecidos. Gullar é o poeta do azul tenaz ("ácido céu", "céu contumaz"), da chama veloz, do verão fermentado que desmancha os frutos da terra e estiola os filhos dos homens. A voz do poema, produzida no âmago desse universo (belo e ferino como o eterno retorno), traz uma consciência alerta que capta os diferentes ritmos e as diferentes velocidades com que a chama do Tempo consome os destinos em São Luís e nas muitas cidades do poeta: Rio, Santiago, Lima, Buenos Aires... Sol e lodo, fulgor e decomposição, o Tempo e os tempos e, no centro da perspectiva, a necessidade do canto para resgatar o encontro feroz com a existência.

O resgate é, paradoxalmente, obrigatório e vão, como o canto da ave, no poema *Galo galo*, que não basta para salvar o indivíduo e serve afinal de "mero complemento de auroras". A natureza definitivamente vive a sua própria vida e nos ignora como as peras que apodrecem no porto ("para nada?"). Apesar da lucidez de nossa voz, tampouco as horas nos subtrairão aos fermentos que já trabalham dentro de nós. No poema de Ferreira Gullar, uma intimidade febril une o Sol e a morte, e esta, repito, me parece ser a forma imaginária com que o poeta diz o seu sentimento do Tempo.

Até aqui, o discurso da unidade, voltado para uma possível coerência de figuras e temas, discurso cujo risco maior é supor um espaço lírico-metafísico cerrado onde a voz interior regeria as forças em tensão na obra poética.

Mas, é preciso convir, essa é apenas *uma* leitura que, por motivos táticos, se acenou aqui como primeira.

Uma segunda e necessária abordagem não se deterá apenas nas recorrências; antes, se voltará para as rupturas. E um novo olhar descobre que o poeta vem respondendo, passo a passo, às crises e aos desafios da luta cultural e política do país desde os anos 50 até os dias de hoje.

O pós-modernismo de 45 raiado de veios existenciais, a poesia concreta e neoconcreta, a experiência popular-nacionalista do CPC, o texto de ira e protesto ante o conluio de imperialismo e ditadura, a renovada sondagem na memória pessoal e coletiva... são todos momentos de uma dialética da cultura brasileira de que Ferreira Gullar tem participado como ator de primeira grandeza.

À luz dessa leitura, contextual, a consciência que ditou o *Poema sujo* não é exatamente a mesma que inventou *A luta corporal*, assim como a maturidade do escritor e cidadão pós-64 superou os seus horizontes ideológicos dos anos 50. Não se trata de *evolução* na ordem dos acertos estéticos (estes não dependem, mecanicamente, da posição política do poeta); trata-se de ver mais concretamente a História, julgar mais criticamente o próprio lugar de poeta na trama da sociedade, refletir mais dramaticamente a condição do homem brasileiro e do homem latino-americano sem medusar-se no fetiche abstrato, no fundo egótico, do "homem" em geral.

Para romper com o subjetivismo da sua estação poética inicial, em que ressoa ainda muito daquele existencialismo selvagem deflagrado na Europa durante o pós-guerra, Ferreira Gullar conheceu e praticou duas opções, que o tempo provou mutuamente exclusivas: a *objectualidade material* (a poesia gráfica, a arte-coisa, máquina de sons e letras) e a *objetividade no nível dos temas*, que impõe um tipo de verso político-pedagógico. Gullar tentou as duas saídas escrevendo textos neoconcretos e romances de cordel, mas ambas as soluções se revelaram becos onde fazia sua morada a consciência reificante ou a consciência infeliz. E a busca teve que continuar.

A porta certa do labirinto ele irá procurá-la não nos engenhos de arte--objeto, não nos enganos da arte-instrumento, mas na aliança verdadeiramente nupcial de sujeito e objeto, que só se realiza quando a alma consegue objetivar-se na mesma medida em que a história consegue subjetivar-se entre os ritmos e as figuras da linguagem. Aquém dessa palavra, amorosa e agônica, jazem a alienação, o equívoco, a cerebrina retórica, o pesado conteudismo.

Esse adensamento – sinônimo hegeliano do processo que leva ao concreto – permitiu que o autor do *Poema sujo* alcançasse uma dimensão coral sem por isso perder o calor daqueles afetos singularíssimos que só as imagens de sua cidade de São Luís seriam capazes de provocar. A superação do surrealismo juvenil atravessou um purgatório brechtiano programado (alguns poemas abertamente didáticos e o tom geral de *Dentro da noite veloz*) para conquistar uma nova poética na qual memória e crítica não se pejam de dar as mãos.

O sol ainda esplende mortalmente, os frutos se desfazem solitários, a vertigem do dia nos arrasta, mas o canto se crispou e já é quase um desafio:

Não quero morrer não quero
apodrecer no poema

De *Barulhos* a *Muitas Vozes*

A lógica miúda das classificações didáticas opõe metafísica a materialismo. Mas a "lógica poética" (para usar a expressão inovadora de Vico), na medida em que vive por dentro a força das contradições, não encalha nessa fácil antinomia.

Entremos fundo na poesia de Ferreira Gullar. A matéria imediata e tangível das coisas não sai nunca do seu campo de percepção a que adere sua palavra verdadeiramente concreta, porque densa e saturada de experiência e pensamento. A matéria traduzida no poema se dá toda aos sentidos, tem cor e cheiro: é a polpa da fruta sazonada e já quase desfeita por obra da ardência tropical; é pele suada no embate amoroso; são os ruídos da Cidade ensurdecida de *rock*, motos, e até de um Electra II que pousa inesperado no meio das ramagens da rua Paula Matos, "quase ao alcance das mãos". Matéria sempre e de todos os lados, presente no vasto mundo e nas sensações com que vibra o corpo do poeta. O crítico Fausto Cunha, comentando *Barulhos*, lembrou os versos de Marianne Moore:

> *"the raw material*
> *all its rawness".*

É a matéria e o material em toda a sua crueza, e que faz o poeta dizer em certo momento como Ricardo Reis: "o mundo se explica / só por existir".

Entretanto, dizer que a palavra de Ferreira Gullar é *poesia da matéria*, simplesmente, sem empreender qualquer discurso mais atento ao dinamismo de sua significação, não basta ao sentimento do leitor que partilha as suas íntimas tensões e sente aquele sopro incessante de desejo e consciência penetrando cada imagem e cada frase. E por que "poesia da matéria" não basta? O poeta dá a pista que responde a essa questão vital:

> *Toda coisa tem peso:*
> *uma noite em seu centro.*
> *O poema é uma coisa*
> *que não tem nada dentro,*
> *a não ser o ressoar*
> *de uma imprecisa voz*
> *que não quer se apagar*
> *– essa voz somos nós.*

(*Não coisa*)

Em primeiro plano vem o reconhecimento da materialidade do mundo real, da *coisa* que tem peso, indefectível como a lei da gravidade poderosamente expressa pela imagem da noite: o escuro, o espesso, o opaco no centro da matéria. Contudo, a coisa-poema "não tem nada dentro"; logo, o seu modo de ser não reproduz o objeto físico em sua pesada coisalidade. O que o poema tem dentro de si é o *nada* (como não lembrar a fissura da negatividade pensada por Sartre em *O ser e o nada?*). Mas é um nada que soa e ressoa, voz que não se quer apagar, daí ser carência e desejo, não um nada absoluto, zero, mas potencialidade. Essa "voz", ainda pura vontade-de-ser à procura de forma, e por isso "imprecisa", somos nós enquanto pré-sentimento de que somos e não somos apenas coisa entre coisas, somos e não somos aquela matéria de que é feita a realidade física da nossa própria voz.

Somos matéria, porque a voz do corpo é som, barulho, tumulto – palavras recorrentes na obra de Gullar. Mas, ao mesmo tempo, não o somos, porque o nada (que a passagem do tempo imprime às coisas), o nada que está no horizonte do homem enquanto ser-para-a-morte, o nada cavou no corpo animado e pensante uma fenda que nada parece preencher. Um hiato. Essa voz carente, "a falta que ama" de Drummond, vai apagar-se, é certo, como todas as outras, mas, diferentemente de todas as outras, ela conhece o seu destino, e é uma voz "que não quer se apagar".

O materialismo, ao viver e reconhecer esse drama, passa a ter acento metafísico enquanto vigora a *tensão* entre as sensações do mundo e a consciência agônica do tempo; tensão que em todos os grandes líricos, de Petrarca a Leopardi e a Ungaretti, de Camões a Manuel Bandeira, de Villon a Baudelaire, está indissoluvelmente presa à melancolia e à intuição de nossa finitude.

A consciência se faz testemunha pungente da precariedade do nosso desejo, "eterno enquanto dura". A consciência será, em momentos diversos, ora a denunciante do tempo, da morte e do nada, ora a anunciadora do ser, cuja imagem solar é a matéria mesma, sobrevivente bela impassível à morte do indivíduo. Gullar sabe, como poucos (Drummond, Vinicius, Rubem Braga...), evocar a natureza do Rio de Janeiro sob os ardores e esplendores de um estio que se renova o ano todo. A consciência do homem, posto que impotente, pode atribuir ao cosmos um sentido, algum sentido que o atravessa e transcende: assim fazendo, tenta ir além, tenta compreender a materialidade surda da coisa, habitando o limite entre o materialismo e a metafísica, presentes ambos na melhor poesia de Ferreira Gullar. O mínimo que se pode dizer dessa compresença é que é instável, oscilando entre os polos do sujeito e do objeto.

Há, ao lado da aproximação do *eu* com o mundo, e da sua mútua atração, o outro momento, em que o sujeito contempla a distância aparentemente infranqueável que os separa. Assim, a história é feita do tempo das paixões humanas, demasiado humanas, mas os astros (como já o disseram com diversas filosofias Pascal e Machado de Assis) moram e demoram lá no alto e não escutam os gritos desse bicho da terra tão pequeno. Homem e cosmos ignoram-se: coexistem apenas, em tempos diferentes. "O abismo vence o olhar."

Ano-Novo

Meia-noite. Fim
de um ano, início
de outro. Olho o céu:
nenhum indício.

Olho o céu:
o abismo vence o
olhar. O mesmo
espantoso silêncio
da Via Láctea feito
um ectoplasma
sobre a minha cabeça
nada ali indica
que um ano-novo começa.

E não começa
nem no céu nem no chão
do planeta:
começa no coração.

Começa como a esperança
de vida melhor
que entre os astros
não se escuta
nem se vê
nem pode haver:
que isso é coisa de homem
esse bicho
estelar
que sonha
(e luta).

(De *Barulhos*)

Distância ontológica entre o homem e o cosmos que, no entanto (sempre a surpresa da contradição), se encurta até o limite possível da interpenetração e da quase identificação no poema *Olhar:*

o que eu vejo
me atravessa
como ao ar
a ave

o que eu vejo passa
através de mim
quase fica
atrás de mim

o que eu vejo
– a montanha por exemplo
banhada de sol –
me ocupa

e sou então apenas
essa rude pedra iluminada
ou quase
se não fora
saber que a vejo.

Trata-se aqui de um verdadeiro exercício de percepção, que seria cartesiano (eu *não sou* o mundo, porque *penso*) se não fosse pascaliano. O homem é apenas um caniço, o mais frágil da natureza, mas, diferentemente desta, é um caniço pensante. Por um momento sou apenas aquela rude pedra iluminada pelo sol que meu olhar está alcançando; mas não o sou sempre nem absolutamente: *quase* sou, e seria "se não fora saber que a vejo". O olhar que aproxima, a ponto de parecer fundir as identidades do *eu* e da pedra, fará, em outro momento, as vezes da consciência vigilante de Pascal, a qual *sabe de si*, o que não acontece com a natureza. E o *eu* se move, no poema, entre o ser (quase) inconsciente, confundido com as coisas, e o nada pulsante e consciente que delas sabe distinguir-se. O *eu* entre a coisa e a consciência: e *eu* entre os seres e o nada.

Ressoo dos barulhos que vêm de fora, *reflexo das coisas que se espelham nos olhos*, ou, no outro extremo, *reflexão do drama histórico* a que o céu parece indiferente: seriam estas as alternativas únicas da relação entre o *eu* e o mundo na obra recente de Gullar? A disjuntiva parece drástica: ou reflexo ou reflexão. É possível superá-la se ficarmos atentos à qualidade desta voz, que é e se declara *plural*, cósmica e social, porque formada de múltiplas vozes, de diferentes sons e tons. Na sua aparição simultânea, essas vozes se dão ao ouvido do poeta como tumulto e alarido.

A dimensão coral que se adverte em *Barulhos* e mais abertamente em *Muitas vozes* traz em si a modernidade renitente da dissonância. Predominam as estridências aleatórias, repentinas, da cidade grande no contexto do capitalismo selvagem brasileiro e latino-americano. Em Gullar, a percepção dessas dissonâncias vem de longe, como bem sabe o seu leitor que o tem acompanhado desde os anos 60. Gullar viveu intensamente as utopias do tempo em que se criaram os CPCs e as trovas do *Violão de rua*. E o poeta jamais ocultou a sua crença na função da arte como ponta de lança crítica da sociedade burguesa.

No refluxo da maré ideológica que se deu nas décadas de 80 e 90, ele conheceu o clima de desnorte e angústia que a derrocada do "socialismo real" produziu em tantos intelectuais de esquerda. O poeta deixou, no seu mais recente livro, de tematizar explicitamente a violência econômica e política da *polis* capitalista. O leitor encontrará em *Muitas vozes* um único poema que se refere topicamente a um fato político, "Queda de Allende". Porém, essa ausência do tema não significa, como é fácil perceber, negação do seu sentido profundo; ao contrário, *Muitas vozes* nos remete a um *ethos* mais recente, pelo qual a irracionalidade em alta e a anomia moral do capitalismo avançado, são de diferentes maneiras, penetradas e denunciadas pela dicção poética do fim do século.

A forma literária que as novas perplexidades têm assumido nos poetas mais jovens não é inteiramente nova e longe está de ser homogênea. A linguagem poética dos anos 70 aos 90 muitas vezes glosou ou esquematizou certas conquistas expressivas e construtivas de alguns clássicos de nossa modernidade. No caso brasileiro foram revisitados ou esquematizados com alta frequência os estilos de Mário de Andrade, Oswald de Andrade, Manuel Bandeira, Drummond e João Cabral. O poema-piada e a poesia pau-brasil foram transpostos para o verso coloquial, dito marginal. A simplicidade fluente da lírica de Bandeira foi mimetizada na oralidade prosaica da chamada poesia do cotidiano. O humor estoico e pungente de Drummond gerou milhentos poemetos céticos, escarninhos ou ostensivamente nihilistas. Enfim, de João Cabral saiu a secura lacônica do poema-coisa amaneiradamente nominal.

Na última poesia de Gullar, contudo, *se houve reelaboração de um certo modo de dizer, o movimento se fez no interior mesmo do seu roteiro.*

Creio perceber em *Muitas vozes* um trabalho de interiorização e depuração da matéria política dispersa nos seus outros livros. Agora tudo parece concentrar-se na atitude fundamental do seu espírito, que consiste em resistir ao sistema sondando e revelando o mal-estar que a condição ultramoderna produz na mente e no coração do poeta. De um poeta que também ouve em si mesmo a voz do "homem comum".

É sempre arriscado reduzir uma obra lírica singular à chave alegórica, o que é a grande tentação da leitura macrossociológica. De quantos e tão diferentes poetas já se disse que os seus versos eram alegorias da condição burguesa degradada! Para compensar o que há de genérico nessa tendência redutora, deve-se repuxar com firmeza o fio da individualização. Em Gullar, a condição da ultramodernidade capitalista em país dependente é captada e filtrada pelas vozes de uma consciência reflexiva cada vez mais centrada no pensamento da finitude e da morte. O seu sentimento do mundo é atravessado de ponta a ponta pelo sentimento do tempo.

Os objetos produzidos pela civilização de massas aparecem ao olhar desenganado do poeta sob as formas de resíduo e sucata. O tempo rói, corrói as coisas. Os automóveis entregues à ferrugem são "ossadas (eixos placas) no matagal do domingo". Mas quando tudo parece lançado à mera exterioridade, "os dejetos da era industrial" estão "entranhados de afetos" (*Falagens*, II). O poema desdobra uma certeira metáfora, no sentido original do termo: uma transferência de imagem – da coisa industrial morta, os *automóveis enferrujados*, para o esqueleto humano, as *ossadas.* Sucatas são carcaças expostas, umas e outras comidas pela ação inexorável do tempo. Tempo vertiginoso que corre no relógio pós-moderno mais veloz do que nunca:

fogem
os séculos
no capim (entre os talos)

(*Falagens*, IV)

De outra qualidade é o sentimento das coisas-no-tempo quando o poeta evoca "os objetos da casa já marcados de abismo". Passem embora "ah, dias e dias e tardes e dias", sempre restará a lembrança de uma cor encardida, um caco de cerâmica no quintal, a memória do perfume na horta, o metal da hortelã. A voz lírica já não falará de sucata e ossadas, mas de restos de objetos familiares, relíquias da casa da infância que ainda guardam cor e perfume, e

são
uma rara
alegria

(*Falagens*, VI)

A dialética de ser e tempo, de resistência e destruição, gesta-se no poema a partir de experiências singulares. São vivências trabalhadas tanto pelas forças histórico-sociais quanto pelo dinamismo do pensamento criador. À medida que as contradições se aprofundam e se interiorizam, tangenciando o limite entre a vida e a morte, emerge aquele sentimento universalizante que faz a poesia da matéria receber acentos de drama metafísico. E o que era instante solitário e fugaz da percepção, o que era pulsão do corpo e da alma de um só indivíduo, entra no processo de comunicação, atravessa o tempo e ganha a consistência (vulnerável embora) de um sentido.

Pedro Dantas já havia apontado essa amplitude de significação na poesia de Ferreira Gullar:

"Nenhum outro poeta viveu, exprimiu e experimentou como ele as angústias de uma crise cultural que vai além da cultura para abranger, no seu todo, o próprio sentido da vida".

É notação aguda e compreensiva que vale ainda e com maior força de razão para estas *Muitas vozes.*

Alfredo Bosi

POEMAS

A LUTA CORPORAL

(1950-1953)

Nada vos oferto
além destas mortes
de que me alimento

Caminhos não há
Mas os pés na grama
os inventarão

Aqui se inicia
uma viagem clara
para a encantação

Fonte, flor em fogo,
que é que nos espera
por detrás da noite?

Nada vos sovino:
com a minha incerteza
vos ilumino

Calco sob os pés sórdidos o mito
que os céus segura – e sobre um caos me assento.
Piso a manhã caída no cimento
como flor violentada. Anjo maldito,

(pretendi devassar o nascimento
da terrível magia) agora hesito,
e queimo – e tudo é o desmoronamento
do mistério que sofro e necessito.

Hesito, é certo, mas aguardo o assombro
com que verei descer de céus remotos
o raio que me fenderá no ombro.

Vinda a paz, rosa-após dos terremotos,
eu mesmo juntarei a estrela ou a pedra
que de mim reste sob os meus escombros.

Neste leito de ausência em que me esqueço
desperta o longo rio solitário:
se ele cresce de mim, se dele cresço,
mal sabe o coração desnecessário.

O rio corre e vai sem ter começo
nem foz, e o curso, que é constante, é vário.
Vai nas águas levando, involuntário,
luas onde me acordo e me adormeço.

Sobre o leito de sal, sou luz e gesso:
duplo espelho – o precário no precário.
Flore um lado de mim? No outro, ao contrário,
de silêncio em silêncio me apodreço.

Entre o que é rosa e lodo necessário,
passa um rio sem foz e sem começo.

O ANJO

O anjo, contido
em pedra
e silêncio,
me esperava.

Olho-o, identifico-o
tal se em profundo sigilo
de mim o procurasse desde o início.

Me ilumino! todo
o existido
fora apenas a preparação
deste encontro.

2

Antes que o olhar, detendo o pássaro
no voo, do céu descesse
até o ombro sólido
do anjo,
criando-o
– que tempo mágico
ele habitava?

3

Tão todo nele me perco
que de mim se arrebentam
as raízes do mundo;

tamanha
a violência de seu corpo contra
o meu,
que a sua neutra existência

se quebra:
e os pétreos olhos
se acendem;
o facho
emborcado contra o solo, num desprezo
à vida
arde intensamente;
a leve brisa
faz mover a sua
túnica de pedra.

4

O anjo é grave
agora.
Começo a esperar a morte.

GALO GALO

O galo
no saguão quieto.

Galo galo
de alarmante crista, guerreiro,
medieval.

De córneo bico e
esporões, armado
contra a morte,
passeia.

Mede os passos. Para.
Inclina a cabeça coroada
dentro do silêncio
– que faço entre coisas?
– de que me defendo?

Anda
no saguão.
O cimento esquece
o seu último passo.

Galo: as penas que
florescem da carne silenciosa
e o duro bico e as unhas e o olho
sem amor. Grave
solidez.
Em que se apoia
tal arquitetura?

Saberá que, no centro
de seu corpo, um grito
se elabora?

Como, porém, conter,
uma vez concluído,
o canto obrigatório?

Eis que bate as asas, vai
morrer, encurva o vertiginoso pescoço
donde o canto rubro escoa.

Mas a pedra, a tarde,
o próprio feroz galo
subsistem ao grito.

Vê-se: o canto é inútil.

O galo permanece – apesar
de todo o seu porte marcial –
só, desamparado,
num saguão do mundo.
Pobre ave guerreira!

Outro grito cresce
agora no sigilo
de seu corpo; grito
que, sem essas penas
e esporões e crista
e sobretudo sem esse olhar
de ódio,
                não seria tão rouco
e sangrento.

                Grito, fruto obscuro
e extremo dessa árvore: galo.
Mas que, fora dele,
é mero complemento de auroras.

São Luís, abril de 1951

A GALINHA

Morta
flutua no chão.
Galinha.

Não teve o mar nem
quis, nem compreendeu
aquele ciscar quase feroz. Cis-
cava. Olhava o muro,
aceitava-o, negro e absurdo.

Nada perdeu. O quintal
não tinha
qualquer beleza.

Agora
as penas são só o que o vento
roça, leves.
Apagou-se-lhe
toda a cintilação, o medo.
Morta. Evola-se do olho seco
o sono. Ela dorme.
Onde? onde?

AS PERAS

As peras, no prato,
apodrecem.
O relógio, sobre elas,
mede
a sua morte?
Paremos a pêndula. De-
teríamos, assim, a
morte das frutas?
            Oh as peras cansaram-se
de suas formas e de
sua doçura! As peras,
concluídas, gastam-se no
fulgor de estarem prontas
para nada.
                O relógio
não mede. Trabalha
no vazio: sua voz desliza
fora dos corpos.

Tudo é o cansaço
de si. As peras se consomem
no seu doirado
sossego. As flores, no canteiro
diário, ardem,
ardem, em vermelhos e azuis. Tudo
desliza e está só.

                    O dia
comum, dia de todos, é a
distância entre as coisas.
Mas o dia do gato, o felino
e sem palavras
dia do gato que passa entre os móveis

é passar. Não entre os móveis. Passar como eu
passo: entre nada.

O dia das peras
é o seu apodrecimento.

É tranquilo o dia
das peras? Elas
não gritam, como
o galo.
            Gritar
para quê? se o canto
é apenas um arco
efêmero fora do
coração?

Era preciso que
o canto não cessasse
nunca. Não pelo
canto (canto que os
homens ouvem) mas
porque can-
tando o galo
é sem morte.

A AVENIDA

O relógio alto, as
flores que o vento subjuga,
        a grama a crescer
na ausência dos
homens.
              Não obstante,
as praias não cessam.
Simultaneidade!
                                  diurno
milagre, fruto de
lúcida matéria – imputrescível! O
claro contorno elaborado
sem descanso. Alegria
limpa, roubada sem qualquer
violência ao
doloroso trabalho
das coisas!

2

Miséria! esta avenida é
eterna!
              Que fazem os galhos
erguidos no
              vazio
se não garantem sua
permanência!
                           O relógio
                            ri.
                              O
canteiro é um mar
sábio con-
tido
suicidado.

Na luz
desamparada, as corolas
desamparadas.

3

Precárias são as praias dos
homens:
praias
que morrem na cama com
o ódio e o
sexo: perdem-se
no pó sem voz.
A importância das praias para o mar!
Praias, amadurecimento:
aqui
o mar crepita e fulgura, fru-
to trabalhado dum fogo
seu, aceso
das águas,
pela faina das águas.

11, setembro de 1951

OS JOGADORES DE DAMA

Se te voltas, a verdura esplende O rosto dos homens se perdeu no chão das ruas Dura, nas folhas, o sol sem tempo

Voa com o pássaro a solidão do seu corpo Somos arames estendidos no ar de um pátio que ninguém visita Vamos, o que sempre há, e não cessa, é o tempo soprando no tempo A orelha dobrada sobre o som do mundo

ninguém sabe em que território de fogo e sob que nuvens os homens arque-
jam e pendem entre os clarões da poeira um rosto dourado e cego

nem em que tarde das tardes as derradeiras aves desceram para a terra
e um vento desfez seu corpo!

O ABISMO DA VERDURA

Já na grama atual, é verde a luz destes cabelos, o brilho das unhas; vegetal, o pequeno sol do sorriso. Nada reterá a figura do corpo, que só a palavra, o seu secreto clarão, ilumina; ou a alegria do exercício.

Movo-me, aqui; mas, largado, resseco num deserto que a pura luz dos barulhos edifica; onde o azul é faminto, céu contumaz, descido nos meus pés como um corvo.

Aqui sentou-se o som, o opaco, som; aqui? lugar de vento!; e a luz sentada, a luz!; tempo mais ar mais ar e ar e ar; aqui, tempo sentado; não sopra, não, me escondo, a cor me gasta.

Varre, varre, não disseste, varre, e dentro dos olhos, onde a morte se inveja; e o medo menor que fende a nuca — vacilas, cravejado, sobre instantâneo chão feérico; varre, mas a nossa pele já se estende, velha, entre um campo áspero de esferas.

Fora, é o jardim, o sol – o nosso reino.
Sob a fresca linguagem, porém,
dentro de suas folhas mais fechadas,
a cabeça, os chavelhos reais de lúcifer,
esse diurno.

Assim é o trabalho. Onde a luz da palavra
torna à sua fonte,
detrás, detrás do amor,
ergue-se para a morte, o rosto.

O mito nos apura
em seus cristais.

Os ventos que enterramos
não nos deixam.
Estão nos castigando
com seu escuro fogo.

A altura em que queimamos
o sono
estabelece o nosso inferno
e as nossas armas.

Chão verbal,
campos de sóis pulverizados.
As asas da vida aqui se desfazem
e mais puras regressam.

O mar lapida os trabalhos
de sua solidão.

A palavra erguida
vigia
acima das fomes
o terreno ganho.

Sobre a poeira dos abraços
construo meu rosto

Entre a mão e o que ela fere
o pueril sopra seu fogo

Oficina impiedosa!
Minha alquimia
é real

O VIL METAL

(1954-1960)

Aranha,
como árvore, engendra na sombra
a sua festa, seu voo qualquer.
Velhos sóis que a folhagem bebeu,
luz, poeira
agora, tecida no escuro. Alto abandono
em que os frutos alvorecem,
e rompem!

Mas não se exale a madurez
desse tempo: e role o ouro, escravo,
no chão,
para que o que é canto se redima sem ajuda.

9, dezembro de 1952

OCORRÊNCIA

Aí o homem sério entrou e disse: bom dia
Aí o outro homem sério respondeu: bom dia
Aí a mulher séria respondeu: bom dia
Aí a menininha no chão respondeu: bom dia
Aí todos riram de uma vez
Menos as duas cadeiras, a mesa, o jarro, as flores, as paredes, o relógio, a lâmpada, o retrato, os livros, o mata-borrão, os sapatos, as gravatas, as camisas, os lenços

FRUTAS

Sobre a mesa no domingo
(o mar atrás)
duas maçãs e oito bananas num prato de louça
São duas manchas vermelhas e uma faixa amarela
com pintas de verde selvagem:
uma fogueira sólida
acesa no centro do dia.
O fogo é escuro e não cabe hoje nas frutas:
chamas,
as chamas do que está pronto e alimenta

DEZEMBRO

Fora da casa
o dia mantém solidário
seu corpo de chama e de verdura

Dia terrestre,
falam num mesmo nível de fogo
minha boca e a tua

UM HOMEM RI

Ele ria da cintura para cima. Abaixo
da cintura, atrás, sua mão
furtiva
inspecionava na roupa

Na frente e sobretudo no rosto, ele ria,
expelia um clarão, um sumo
servil
feito uma flor carnívora se esforça na beleza da corola
na doçura do mel
Atrás dessa auréola, saindo
dela feito um galho, descia o braço
com a mão e os dedos
e à altura das nádegas trabalhavam
no brim azul das calças
    (como um animal no campo na primavera
    visto de longe, mas
    visto de perto, o focinho, sinistro,
    de calor e osso come o capim do chão)
O homem lançava o riso como o polvo lança a sua tinta e foge
Mas a mão buscava o cós da cueca
talvez desabotoada
um calombo que coçava
uma pulga sob a roupa
qualquer coisa que fazia a vida pior

O ESCRAVO

Detrás da flor me subjugam,
atam-me os pés e as mãos.
E um pássaro vem cantar
para que eu me negue.

Mas eu sei que a única haste do tempo
é o sulco do riso na terra
– a boca espedaçada que continua falando.

POEMAS CONCRETOS/ NEOCONCRETOS

(1957-1958)

mar azul

mar azul marco azul

mar azul marco azul barco azul

mar azul marco azul barco azul arco azul

mar azul marco azul barco azul arco azul ar azul

o cão vê a flor
   a flor é vermelha

anda para a flor
   a flor é vermelha

passa pela flor
   a flor é vermelha

DENTRO DA NOITE VELOZ

(1962-1975)

MEU POVO, MEU POEMA

Meu povo e meu poema crescem juntos
como cresce no fruto
a árvore nova

No povo meu poema vai nascendo
como no canavial
nasce verde o açúcar

No povo meu poema está maduro
como o sol
na garganta do futuro

Meu povo em meu poema
se reflete
como a espiga se funde em terra fértil

Ao povo seu poema aqui devolvo
menos como quem canta
do que planta

A BOMBA SUJA

Introduzo na poesia
a palavra diarreia.
Não pela palavra fria
mas pelo que ela semeia.

Quem fala em flor não diz tudo.
Quem me fala em dor diz demais.
O poeta se torna mudo
sem as palavras reais.

No dicionário a palavra
é mera ideia abstrata.
Mais que palavra, diarreia
é arma que fere e mata.

Que mata mais do que faca,
mais que bala de fuzil,
homem, mulher e criança
no interior do Brasil.

Por exemplo, a diarreia,
no Rio Grande do Norte,
de cem crianças que nascem,
setenta e seis leva à morte.

É como uma bomba D
que explode dentro do homem
quando se dispara, lenta,
a espoleta da fome.

É uma bomba-relógio
(o relógio é o coração)
que enquanto o homem trabalha
vai preparando a explosão.

Bomba colocada nele
muito antes dele nascer;
que quando a vida desperta
nele, começa a bater.

Bomba colocada nele
pelos séculos de fome
e que explode em diarreia
no corpo de quem não come.

Não é uma bomba limpa:
é uma bomba suja e mansa
que elimina sem barulho
vários milhões de crianças.

Sobretudo no Nordeste
mas não apenas ali,
que a fome do Piauí
se espalha de leste a oeste.

Cabe agora perguntar
quem é que faz essa fome,
quem foi que ligou a bomba
ao coração desse homem.

Quem é que rouba a esse homem
o cereal que ele planta,
quem come o arroz que ele colhe
se ele o colhe e não janta.

Quem faz café virar dólar
e faz arroz virar fome
é o mesmo que põe a bomba
suja no corpo do homem.

Mas precisamos agora
desarmar com nossas mãos
a espoleta da fome
que mata nossos irmãos.

Mas precisamos agora
deter o sabotador
que instala a bomba da fome
dentro do trabalhador.

E sobretudo é preciso
trabalhar com segurança
pra dentro de cada homem
trocar a arma da fome
pela arma da esperança.

POEMA BRASILEIRO

No Piauí de cada 100 crianças que nascem
78 morrem antes de completar 8 anos de idade

No Piauí
de cada 100 crianças que nascem
78 morrem antes de completar 8 anos de idade

No Piauí
de cada 100 crianças
que nascem
78 morrem
antes
de completar
8 anos de idade

antes de completar 8 anos de idade
antes de completar 8 anos de idade
antes de completar 8 anos de idade
antes de completar 8 anos de idade

NÃO HÁ VAGAS

O preço do feijão
não cabe no poema. O preço
do arroz
não cabe no poema.
Não cabem no poema o gás
a luz o telefone
a sonegação
do leite
da carne
do açúcar
do pão

O funcionário público
não cabe no poema
com seu salário de fome
sua vida fechada
em arquivos.
Como não cabe no poema
o operário
que esmerila seu dia de aço
e carvão
nas oficinas escuras

– porque o poema, senhores,
  está fechado:
  "não há vagas"
Só cabe no poema
o homem sem estômago
a mulher de nuvens
a fruta sem preço

O poema, senhores,
não fede
nem cheira

NO MUNDO HÁ MUITAS ARMADILHAS

No mundo há muitas armadilhas
e o que é armadilha pode ser refúgio
e o que é refúgio pode ser armadilha

Tua janela por exemplo
aberta para o céu
e uma estrela a te dizer que o homem é nada
ou a manhã espumando na praia
a bater antes de Cabral, antes de Troia
(há quatro séculos Tomás Bequimão
tomou a cidade, criou uma milícia popular
e depois foi traído, preso, enforcado)

No mundo há muitas armadilhas
e muitas bocas a te dizer
que a vida é pouca
que a vida é louca
E por que não a Bomba? te perguntam.
Por que não a Bomba para acabar com tudo, já que a vida é louca?

Contudo, olhas o teu filho, o bichinho
que não sabe
que afoito se entranha à vida e quer
a vida
e busca o sol, a bola, fascinado vê
o avião e indaga e indaga

A vida é pouca
a vida é louca
mas não há senão ela.
E não te mataste, essa é a verdade.

Estás preso à vida como numa jaula.
Estamos todos presos

nesta jaula que Gagárin foi o primeiro a ver
de fora e nos dizer: é azul.
E já o sabíamos, tanto
que não te mataste e não vais
te matar
e aguentarás até o fim.

O certo é que nesta jaula há os que têm
e os que não têm
há os que têm tanto que sozinhos poderiam
alimentar a cidade
e os que não têm nem para o almoço de hoje

A estrela mente
o mar sofisma. De fato,
o homem está preso à vida e precisa viver
o homem tem fome
e precisa comer
o homem tem filhos
e precisa criá-los
Há muitas armadilhas no mundo e é preciso quebrá-las.

O AÇÚCAR

O branco açúcar que adoçará meu café
nesta manhã de Ipanema
não foi produzido por mim
nem surgiu dentro do açucareiro por milagre.

Vejo-o puro
e afável ao paladar
como beijo de moça, água
na pele, flor
que se dissolve na boca. Mas este açúcar
não foi feito por mim.

Este açúcar veio
da mercearia da esquina e tampouco o fez o Oliveira,
dono da mercearia.
Este açúcar veio
de uma usina de açúcar em Pernambuco
ou no Estado do Rio
e tampouco o fez o dono da usina.

Este açúcar era cana
e veio dos canaviais extensos
que não nascem por acaso
no regaço do vale.

Em lugares distantes, onde não há hospital
nem escola,
homens que não sabem ler e morrem de fome
aos 27 anos
plantaram e colheram a cana
que viraria açúcar.

Em usinas escuras,
homens de vida amarga

e dura
produziram este açúcar
branco e puro
com que adoço meu café esta manhã em Ipanema.

HOMEM COMUM

Sou um homem comum
        de carne e de memória
        de osso e esquecimento.
        Ando a pé, de ônibus, de táxi, de avião
e a vida sopra dentro de mim
        pânica
        feito a chama de um maçarico
e pode
subitamente
                cessar.

Sou como você
        feito de coisas lembradas
        e esquecidas
                rostos e
                mãos, o guarda-sol vermelho ao meio-dia
                em Pastos-Bons,
                defuntas alegrias flores passarinhos
                facho de tarde luminosa
                nomes que já nem sei
                bocas bafos bacias
                bandejas bandeiras bananeiras
                                                        tudo
                    misturado
                                            essa lenha perfumada
                                            que se acende
                                            e me faz caminhar
Sou um homem comum
        brasileiro, maior, casado, reservista,
        e não vejo na vida, amigo,
        nenhum sentido, senão
        lutarmos juntos por um mundo melhor.
Poeta fui de rápido destino.

Mas a poesia é rara e não comove
nem move o pau de arara.
    Quero, por isso, falar com você,
    de homem para homem,
    apoiar-me em você
    oferecer-lhe o meu braço
        que o tempo é pouco
        e o latifúndio está aí, matando.

Que o tempo é pouco
e aí estão o Chase Bank,
a IT & T, a Bond and Share,
a Wilson, a Hanna, a Anderson Clayton,
e sabe-se lá quantos outros
braços do polvo a nos sugar a vida
e a bolsa
        Homem comum, igual
        a você,
cruzo a Avenida sob a pressão do imperialismo.
        A sombra do latifúndio
        mancha a paisagem,
        turva as águas do mar
        e a infância nos volta
        à boca, amarga,
        suja de lama e de fome.
Mas somos muitos milhões de homens
        comuns
        e podemos formar uma muralha
        com nossos corpos de sonho e margaridas.

MAIO 1964

Na leiteria a tarde se reparte
em iogurtes, coalhadas, copos
de leite
e no espelho meu rosto. São
quatro horas da tarde, em maio.

Tenho 33 anos e uma gastrite. Amo
a vida
que é cheia de crianças, de flores
e mulheres, a vida,
esse direito de estar no mundo,
ter dois pés e mãos, uma cara
e a fome de tudo, a esperança.
Esse direito de todos
que nenhum ato
institucional ou constitucional
pode cassar ou legar.

Mas quantos amigos presos!
quantos em cárceres escuros
onde a tarde fede a urina e terror.
Há muita famílias sem rumo esta tarde
nos subúrbios de ferro e gás
onde brinca irremida a infância da classe operária.

Estou aqui. O espelho
não guardará a marca deste rosto,
se simplesmente saio do lugar
ou se morro
se me matam.
Estou aqui e não estarei, um dia,
em parte alguma.
Que importa, pois?

A luta comum me acende o sangue
e me bate no peito
como o coice de uma lembrança.

DOIS E DOIS: QUATRO

Como dois e dois são quatro
sei que a vida vale a pena
embora o pão seja caro
e a liberdade pequena

Como teus olhos são claros
e a tua pele, morena

como é azul o oceano
e a lagoa, serena

como um tempo de alegria
por trás do terror me acena

e a noite carrega o dia
no seu colo de açucena

– sei que dois e dois são quatro
sei que a vida vale a pena

mesmo que o pão seja caro
e a liberdade, pequena.

VERÃO

Este fevereiro azul
como a chama da paixão
nascido com a morte certa
com prevista duração

deflagra suas manhãs
sobre as montanhas e o mar
com o desatino de tudo
que está para se acabar.

A carne de fevereiro
tem o sabor suicida
de coisa que está vivendo
vivendo mas já perdida.

Mas como tudo que vive
não desiste de viver,
fevereiro não desiste:
vai morrer, não quer morrer.

E a luta de resistência
se trava em todo lugar:
por cima dos edifícios
por sobre as águas do mar.

O vento que empurra a tarde
arrasta a fera ferida,
rasga-lhe o corpo de nuvens,
dessangra-a sobre a Avenida

Vieira Souto e o Arpoador
numa ampla hemorragia.
Suja de sangue as montanhas,
tinge as águas da baía.

E nesse esquartejamento
a que outros chamam verão,
fevereiro ainda agonia
resiste mordendo o chão.

Sim, fevereiro resiste
como uma fera ferida.
É essa esperança doida
que é o próprio nome da vida.

Vai morrer, não quer morrer.
Se apega a tudo que existe:
na areia, no mar, na relva,
no meu coração – resiste.

UMA VOZ

Sua voz quando ela canta
me lembra um pássaro mas
não um pássaro cantando:
lembra um pássaro voando

PRAIA DO CAJU

Escuta:
o que passou passou
e não há força
capaz de mudar isto.

Nesta tarde de férias, disponível, podes,
se quiseres, relembrar.
Mas nada acenderá de novo
o lume
que na carne das horas se perdeu.

Ah, se perdeu!
Nas águas da piscina se perdeu
sob as folhas da tarde
nas vozes conversando na varanda
no riso de Marília no vermelho
guarda-sol esquecido na calçada.

O que passou passou e, muito embora,
voltas às velhas ruas à procura.
Aqui estão as casas, a amarela,
a branca, a de azulejo, e o sol
que nelas bate é o mesmo
sol
que o Universo não mudou nestes vinte anos.
Caminhas no passado e no presente.
Aquela porta, o batente de pedra,
o cimento da calçada, até a falha do cimento. Não sabes já
se lembras, se descobres.
E com surpresa vês o poste, o muro,
a esquina, o gato na janela,
em soluços quase te perguntas
onde está o menino

igual àquele que cruza a rua agora,
franzino assim, moreno assim.
                    Se tudo continua, a porta
a calçada a platibanda,
onde está o menino que também
aqui esteve? aqui nesta calçada
se sentou?

E chegas à amurada. O sol é quente
como era, a esta hora. Lá embaixo
a lama fede igual, a poça de água negra
a mesma água o mesmo
urubu pousado ao lado a mesma
lata velha que enferruja.
Entre dois braços d'água
esplende a croa do Anil. E na intensa
claridade, como sombra,
surge o menino
correndo sobre a areia. É ele, sim,
gritas teu nome: "Zeca,
Zeca!"
                    Mas a distância é vasta
tão vasta que nenhuma voz alcança.

O que passou passou.
Jamais acenderás de novo
o lume
do tempo que apagou.

POR VOCÊ POR MIM

A noite, a noite, que se passa? diz
que se passa, esta serpente vasta em convulsão, esta
pantera lilás, de carne
        lilás, a noite, esta usina
no ventre da floresta, no vale,
sob lençóis de lama e acetileno, a aurora,
o relógio da aurora, batendo, batendo,
quebrado entre cabelos, entre músculos mortos, na podridão
a boca destroçada já não diz a esperança,
        batendo
Ah, como é difícil amanhecer em Thua Thien.
        Mas amanhece.

Que se passa em Huê? em Da Nang? No Delta
        do Mekong? Te pergunto,
nesta manhã de abril no Rio de Janeiro,
        te pergunto,
que se passa no Vietnam?

As águas explodem como granadas, os arrozais
se queimam em fósforo e sangue
        entre fuzis
                        as crianças

fogem dos jardins onde açucenas pulsam
como bombas-relógio, os jasmineiros
soltam gases, a máquina
        da primavera
        danificada
        não consegue sorrir.

Há mortos demais no regaço de Mac Hoa.
        Há mortos demais

nos campos de arroz, sob os pinheiros,
às margens dos caminhos que conduzem a Camau.

O Vietnam agora é uma vasta oficina da morte, nos campos
        da morte, o motor
        da vida gira ao contrário, não
        para sustentar a cor da íris,
        a tessitura da carne, gira
ao contrário, a desfazer a vida, o maravilhoso aparelho
        do corpo, gira
        ao contrário das constelações, a vida
        ao contrário, dentro
        de blusas, de calças, dentro
de rudes sapatos feitos de pano e palha, gira
ao contrário a vida feita morte.
                                        Surdo
        sistema de álcool, gira
        gira, apaga rostos, mãos,
        esta mão jovem
que sabia ajudar o arroz, tecer a palha. Há mortos
demais, há mortes
        demais, coisas da infância, a hortelã, os sustos
do amor, *aquela tarde aquela tarde clara, amada,*
aquela tarde clara tudo
        tudo se dissolve nas águas marrons
e entre nenúfares e limos
a correnteza arrasta para o mar o mar o mar azul

É dia feito em Botafogo.
Homens de pasta, paletó, camisa limpa,
dirigem-se para o trabalho.
Mulheres voltam da feira, as bolsas cheias de legumes.
Crianças passam para o colégio.

As nuvens nuvem
e as águas batem naturalmente em toda a orla marítima.
Nenhuma ameaça pesa sobre a cidade.
As pessoas
marcam encontros, irão ao cinema, à boate, se amarão
nas praias
na cama
nos carros. As pessoas
acertam negócios, marcam viagens, férias.
Nenhuma ameaça
pesa sobre a cidade.
Os barulhos apitos baques rumores
se decifram sem alarma. O avião no céu
vai para São Paulo.
O avião no céu não é um *Thunderchief* da USAF
que chega trazendo a morte
como em Hanói.
Não é um *Thunderchief* da USAF que chega
seguido de outros
e outros
da USAF
carregados de bombas e foguetes
como em Hanói
que chega lançando bombas e foguetes
como em Hanói
como em Haiphong
incendiando o porto
destruindo as centrais elétricas
as estradas de ferro
como em Hanói
como em Hoa Bac
queimando crianças com napalm

como em Hanói
como em Chien Tien
como em Don Hoi
como em Tai Minh
como em Vihn Than
como em Hanói
Como pode uma cidade, como pode
uma cidade
resistir

Os americanos estão agora investindo muito no Vietnam
O Vietnam agora nada em ouro
e fogo
Bases aéreas
Arsenais
Depósitos de combustíveis
Laboratórios na rocha
Radar
Foguetes
A ciência eletrônica invade a selva
gases novos, armas novas
O *lazy-dog*
lança em todas as direções mil flechas de aço
o *bull-pup*
procura o alvo com seus 200 quilos de explosivos
o olho de serpente
pousa sobre uma casa e espera a hora certa de matar
O Vietnam agora está cheio de arame farpado
de homens louros
farpados
armados
vigiados

cercados
assustados
está cheio de jovens homens louros
e cadáveres jovens
de homens louros
enganados

Próximo à base de Da Nang
que tudo escuta e tudo vê,
próximo à base de Da Nang, esgueira-se
entre árvores um homem,
próximo à base cheia de soldados,
metralhadoras, bombas,
aviões, cheia
de ouvidos e de olhos
eletrônicos, um homem, chamado Tram,
entre as folhas e os troncos que cheiram a noite,
cauteloso se move
entre as folhas da noite, Tram Van Dam,
cauteloso se move
entre as flores da morte
Tram Van Dam
quinze anos se move
entre as águas da noite
dentro da lama
onde bate a aurora
Tram Van Dam
onde bate a aurora
Tram Van Dam
com a sua granada
entre cercas de arame
entre as minas no chão

Tram Van Dam
com o seu coração
Tram Van Dam
onde bate a aurora
por você por mim
sob o fogo inimigo
com o grampo no dente
com braço no ar
por você por mim
Tram Van Dam
onde bate a aurora
por você por mim
no Vietnam

MEMÓRIA

menino no capinzal
                                        caminha
nesta tarde e em outra
havida

Entre capins e mata-pastos
vai, pisa
nas ervas mortas ontem
e vivas hoje
e revividas no clarão da lembrança

E há qualquer coisa azul que o ilumina
e que não vem do céu, e se não vem
do chão, vem
decerto do mar batendo noutra tarde
e no meu corpo agora
– um mar defunto que se acende na carne
como noutras vezes se acende o sabor
de uma fruta
ou a suja luz dos perfumes da vida
ah vida!

VENDO A NOITE

Júpiter, Saturno.
De dentro de meu corpo
estou vendo
o universo noturno.

Velhas explosões de gás
que meu corpo não ouve:
vejo a noite que houve
e não existe mais –

a mesma, veloz, em Troia,
no rosto de Heitor
– hoje na pele de meu rosto
no Arpoador.

DENTRO DA NOITE VELOZ

Na quebrada do Yuro
eram 13,30 horas
        (em São Paulo
era mais tarde; em Paris anoitecera;
na Ásia o sono era seda)
        Na quebrada
do rio Yuro
a claridade da hora
mostrava seu fundo escuro:
as águas limpas batiam
sem passado e sem futuro.
Estalo de mato, pio
de ave, brisa
nas folhas
        era silêncio o barulho
a paisagem
(que se move)
está imóvel, se move
dentro de si
        (igual que uma máquina de lavar
lavando
        sob o céu boliviano, a paisagem
com suas polias e correntes
        de ar)
        Na quebrada do Yuro
        não era hora nenhuma
        só pedras plantas e águas

II

Não era hora nenhuma
        até que um tiro
explode em pássaros

e animais
    até que passos
vozes na água rosto nas folhas
peito ofegando
    a clorofila
    penetra o sangue humano
                                        e a história
se move
    a paisagem
    como um trem
                            começa a andar
Na quebrada do Yuro eram 13,30 horas

III

Ernesto Che Guevara
teu fim está perto
não basta estar certo
pra vencer a batalha

Ernesto Che Guevara
entrega-te à prisão
não basta ter razão
pra não morrer de bala

Ernesto Che Guevara
não estejas iludido
a bala entra em teu corpo
como em qualquer bandido

Ernesto Che Guevara
por que lutas ainda?
a batalha está finda
antes que o dia acabe

Ernesto Che Guevara
é chegada a tua hora
e o povo ignora
se por ele lutavas

IV

Correm as águas do Yuro, o tiroteio agora
é mais intenso, o inimigo avança
e fecha o cerco.
Os guerrilheiros
em grupos pequenos divididos
aguentam
a luta, protegem a retirada
dos companheiros feridos.
No alto,
grandes massas de nuvens se deslocam lentamente
sobrevoando países
em direção ao Pacífico, de cabeleira azul.
Uma greve em Santiago. Chove
na Jamaica. Em Buenos Aires há sol
nas alamedas arborizadas, um general maquina um golpe.
Uma família festeja bodas de prata num trem que se aproxima
de Montevidéu. À beira da estrada
muge um boi da Swift. A Bolsa
no Rio fecha em alta
ou baixa.
Inti Peredo, Benigno, Urbano, Eustáquio, Ñato
castigam o avanço
dos *rangers*.
Urbano tomba,
Eustáquio,
Che Guevara sustenta

o fogo, uma rajada o atinge, atira ainda, solve-se-lhe
o joelho, no espanto
os companheiros voltam
para apanhá-lo. É tarde. Fogem.
A noite veloz se fecha sobre o rosto dos mortos.

V

Não está morto, só ferido.
Num helicóptero ianque
é levado para Higuera
onde a morte o espera

Não morrerá das feridas
ganhas no combate
mas de mão assassina
que o abate

Não morrerá das feridas
ganhas a céu aberto
mas de um golpe escondido
ao nascer do dia

Assim o levam pra morte
(sujo de terra e de sangue)
subjugado no bojo
de um helicóptero ianque

É o seu último voo
sobre a América Latina
sob o fulgor das estrelas
que nada sabem dos homens

que nada sabem do sonho,
da esperança, da alegria,
da luta surda do homem
pela flor de cada dia

É o seu último voo
sobre a choupana de homens
que não sabem o que se passa
naquela noite de outubro

quem passa sobre seu teto
dentro daquele barulho
quem é levado pra morte
naquela noite noturna

VI

A noite é mais veloz nos trópicos
(com seus
monturos)
na vertigem das folhas na explosão
das águas sujas
surdas
nos pantanais
é mais veloz sob a pele da treva, na
conspiração de azuis
e vermelhos pulsando
como vaginas frutos bocas
vegetais
(confundidos nos sonhos)
ou
um ramo florido feito um relâmpago
parado sobre uma cisterna d'água

no escuro
É mais funda
a noite do sono
do homem na sua carne
de coca
e de fome
e dentro do pote uma caneca
de lata velha de ervilha
da Armour Company

A noite é mais veloz nos trópicos
com seus monturos
e cassinos de jogo
entre as pernas das putas
o assalto
a mão armada
aberta em sangue a vida
É mais veloz
(e mais demorada)
nos cárceres
a noite latino-americana
entre interrogatórios
e torturas
(lá fora as violetas)
e mais violenta (a noite)
na cona da ditadura

Sob a pele da treva, os frutos
crescem
conspira o açúcar
(de boca para baixo) debaixo
das pedras, debaixo
da palavra escrita no muro

ABAIX
e inacabada
Ó Tlalhuicole
as vozes soterradas da platina
Das plumas que ondularam já não resta
mais que a lembrança
no vento
Mas é o dia (com
seus monturos)
pulsando
dentro do chão
como um pulso
apesar da South American Gold and Platinum
é a língua do dia
no azinhavre
Golpeábamos en tanto los muros de adobe
y era nuestra herencia una red de agujeros
é a língua do homem
sob a noite
no leprosário de San Pablo
nas ruínas de Tiahuanaco
nas galerias de chumbo e silicose
da Cerro de Pasco Corporation
Hemos comido grama salitrosa
piedras de adobe lagartijas ratones
tierra en polvo y gusanos
até que o dia
(de dentro dos monturos) irrompa
com seu bastão de turquesa

VII

Súbito vimos ao mundo
e nos chamamos Ernesto

Súbito vimos ao mundo
e estamos
na América Latina

Mas a vida onde está
nos perguntamos
        Nas tavernas?
nas eternas
tardes tardas?
        nas favelas
onde a história fede a merda?
        no cinema?
na fêmea caverna de sonhos
e de urina?
        ou na ingrata
        faina do poema?
(a vida
que se esvai
no estuário do Prata)

        Serei cantor
        serei poeta?
Responde o cobre (da Anaconda Copper):
        Serás assaltante
        e proxeneta
        policial jagunço alcagueta

        Serei pederasta e homicida?
        serei viciado?
Responde o ferro (da Bethlehem Steel):
        Serás ministro de Estado
        e suicida
        Serei dentista?

talvez quem sabe oftalmologista?
otorrinolaringologista?
Responde a bauxita (da Kaiser Aluminium):
serás médico aborteiro
que dá mais dinheiro

Serei um merda
quero ser um merda
Quero de fato viver.
Mas onde está essa imunda
vida – mesmo imunda?
No hospício?
num santo
ofício?
no orifício
da bunda?
Devo mudar o mundo,
a República? A vida
terei de plantá-la
como um estandarte
em praça pública?

VIII

A vida muda como a cor dos frutos
lentamente
e para sempre
A vida muda como a flor em fruto
velozmente
A vida muda como a água em folhas
o sonho em luz elétrica
a rosa desembrulha do carbono
o pássaro, da boca

mas
quando for tempo
E é tempo todo tempo
mas
não basta um século para fazer a pétala
que um só minuto faz
ou não
mas
a vida muda
a vida muda o morto em multidão

NOTÍCIA DA MORTE DE ALBERTO DA SILVA

(poema dramático para muitas vozes)

Eis aqui o morto
chegado a bom porto

Eis aqui o morto
como um rei deposto

Eis aqui o morto
com seu terno curto

Eis aqui o morto
com seu corpo duro

Eis aqui o morto
enfim no seguro

II

De barba feita, cabelo penteado
jamais esteve tão bem arrumado

De camisa nova, gravata borboleta
parece até que vai para uma festa

No rosto calmo, um leve sorriso
nem parece aquele mais-morto-que-vivo

Imóvel e rijo assim como o vês
parece que nunca esteve tão feliz

III

Morava no Méier desde menino
Seu grande sonho era tocar violino

Fez o curso primário numa escola pública
quanto ao secundário resta muita dúvida

Aos treze anos já estava empregado
num escritório da rua do Senado

Quando o pai morreu criou os irmãos
Sempre foi um homem de bom coração

Começou contínuo e acabou funcionário
Sempre eficiente e cumpridor do horário

Gostou de Nezinha, de cabelos longos,
que um dia sumiu com um tal de Raimundo

Gostou de Esmeralda uma de olhos pretos
Ela nunca soube desse amor secreto

Endoidou de fato por Laura Marlene
que dormiu com todos menos com ele

Casou com Luísa, que morava longe,
não tinha olhos pretos nem cabelos longos

Apesar de tudo, foi bom pai de família
sua casa tinha um boa mobília

Conversava pouco mas foi bom marido
comprou televisão e um rádio transistor

Não foi carinhoso com a mulher e a filha
mas deixou para elas um seguro de vida

Morreu de repente ao chegar em casa
ainda com o terno puído que usava

Não saiu notícia em jornal algum
Foi apenas a morte de um homem comum

E porque ninguém noticiou o fato
fazemos aqui este breve relato

IV

Não foi nada de mais, claro, o que aconteceu:
apenas um homem, igual aos outros, que morreu

Que nos importa agora se quando menino
o seu grande sonho foi tocar violino?

Que nos importa agora quando o vamos enterrar
se ele não teve sequer tempo de namorar?

Que nos importa agora quando tudo está findo
se um dia ele achou que o mar estava lindo?

Que nos importa agora se algum dia ele quis
conhecer Nova York, Londres ou Paris?

Que nos importa agora se na mente confusa
ele às vezes pensava que a vida era injusta?

Agora está completo, já nada lhe falta:
nem Paris nem Londres nem os olhos de Esmeralda

V

Mas é preciso dizer que ele foi como um fio
d'água que não chegou a ser rio

Refletiu no seu curso o laranjal dourado
sem que nada desse ouro lhe fosse dado

Refletiu na sua pele o céu azul de outubro
e as esplendentes ruínas do crepúsculo

E agora, quando se vai perder no mar imenso,
tudo isso, nele, virou rigidez e silêncio:

toda palavra dita, toda palavra ouvida,
todo riso adiado ou esperança escondida

toda fúria guardada, todo gesto detido
o orgulho humilhado, o carinho contido

o violino sonhado, as nuvens, a espuma
das nebulosas, a bomba nuclear
agora nele são coisa alguma

VI

Mas no fim do relato é preciso dizer
que esse morto não teve tempo de viver

Na verdade vendeu-se, não como Fausto, ao Cão:
vendeu sua vida aos seus irmãos

Na verdade vendeu-a, não como Fausto, a prazo:
vendeu-a à vista ou melhor, deu-a adiantado

Na verdade vendeu-a, não como Fausto, caro:
vendeu-a barato e, mais, não lhe pagaram

VII

Enfim este é o morto
agora homem completo:
só carne e esqueleto

Enfim este é o morto
totalmente presente:
unha, cabelo, dente

Enfim este é o morto:
um anônimo brasileiro
do Rio de Janeiro
de quem nesta oportunidade
damos notícia à cidade

NO CORPO

De que vale tentar reconstruir com palavras
    o que o verão levou
    entre nuvens e risos
junto com o jornal velho pelos ares?

O sonho na boca, o incêndio na cama,
o apelo na noite
agora são apenas esta
contração (este clarão)
de maxilar dentro do rosto.

A poesia é o presente.

CANTIGA PARA NÃO MORRER

Quando você for se embora,
moça branca como a neve,
me leve.

Se acaso você não possa
me carregar pela mão,
menina branca de neve,
me leve no coração.

Se no coração não possa
por acaso me levar,
moça de sonho e de neve,
me leve no seu lembrar.

E se aí também não possa
por tanta coisa que leve
já viva em seu pensamento,
menina branca de neve,
me leve no esquecimento.

A POESIA

Onde está
a poesia? indaga-se
por toda parte. E a poesia
vai à esquina comprar jornal.

Cientistas esquartejam Púchkin e Baudelaire.
Exegetas desmontam a máquina da linguagem.
A poesia ri.

Baixa-se uma portaria: é proibido
misturar o poema com Ipanema.
O poeta depõe no inquérito:
meu poema é puro, flor
sem haste, juro!
Não tem passado nem futuro.
Não sabe a fel nem sabe a mel:
é de papel.
Não é como a açucena
que efêmera
passa.
E não está sujeito à traça
pois tem a proteção do inseticida.
Creia,
o meu poema está infenso à vida.

Claro, a vida é suja, a vida é dura.
E sobretudo insegura:
"Suspeito de atividades subversivas foi detido ontem
o poeta Casimiro de Abreu."
"A Fábrica de Fiação Camboa abriu falência e deixou
sem emprego uma centena de operários."
"A adúltera Rosa Gonçalves, depondo na 3.ª Vara
de Família,

afirmou descaradamente: 'Traí ele, sim. O amor
acaba, seu juiz'."

O anel que tu me deste
era vidro e se quebrou
o amor que tu me tinhas
era pouco e se acabou

Era pouco? era muito?
Era uma fome azul e navalha
uma vertigem de cabelos dentes
cheiros que transpassam o metal
e me impedem de viver ainda
Era pouco? Era louco,
um mergulho
no fundo de tua seda aberta em flor embaixo
onde eu morria
Branca e verde
branca e verde
branca branca branca branca
E agora
recostada no divã da sala
depois de tudo
a poesia ri de mim

Ih, é preciso arrumar a casa
que André vai chegar
É preciso preparar o jantar
É preciso ir buscar o menino no colégio
lavar a roupa limpar a vidraça
O amor
(era muito? era pouco?
era calmo? era louco?)
passa

A infância
passa
a ambulância
passa
    Só não passa, Ingrácia,
    a tua grácia!

E pensar que nunca mais a terei
real e efêmera (na penumbra da tarde)
como a primavera.
    E pensar
que ela também vai se juntar
ao esqueleto das noites estreladas
  e dos perfumes
    que dentro de mim gravitam
    feito pó
(e um dia, claro,
ao acender um cigarro
talvez se deflagre com o fogo do fósforo
seu sorriso
entre meus dedos. E só).
Poesia – deter a vida com palavras?
    Não – libertá-la,
fazê-la voz e fogo em nossa voz. Po-
        esia – falar
        o dia

acendê-lo do pó
abri-lo
como carne em cada sílaba, de-
flagrá-lo
    como bala em cada não
    como arma em cada mão

E súbito da calçada sobe
e explode
junto ao meu rosto o pás-
saro? o pás-
?
Como chamá-lo? Pombo? Bomba? Prombo? Como?
Ele
bicava o chão há pouco
era um pombo mas
súbito explode
em ajas brulhos zules bulha zalas
e foge!
como chamá-lo? Pombo? Não:
poesia
paixão
revolução

Santiago, 12, julho de 1973

POEMA SUJO

(1975)

....

Quantas tardes numa tarde!
        e era outra, fresca,
debaixo das árvores boas a tarde
na praia do Jenipapeiro
        Ou do outro lado ainda
a tarde maior da cidade
        amontoada de sobrados e mirantes
        ladeiras quintais quitandas
        hortas jiraus galinheiros
ou na cozinha (distante) onde Bizuza
        prepara o jantar
                                e não canta

        ah quantas só numa
tarde geral que cobre de nuvens a cidade
        tecendo no alto e conosco
        a história branca
        da vida qualquer
ah ventos soprando verdes nas palmeiras dos Remédios
gramas crescendo obscuras sob meus pés
        entre os trilhos
e dentro da tarde a tarde-
        locomotiva
que vem como um paquiderme
        de aço
        tarda pesada
maxilares cerrados cabeça zinindo
        uma catedral que se move
        envolta em vapor
        bufando pânico
                                prestes
        a explodir

tchi tchi
trã trã trã
tarã TARÃ TARÃ
tchi tchi tchi tchi tchi
TARÃ TARÃ TARÃ TARÃ TARÃ

(Para ser cantada com a música da Bachiana n.° 2, Tocata, de Villa-Lobos)

lá vai o trem com o menino
lá vai a vida a rodar
lá vai ciranda e destino
cidade e noite a girar
lá vai o trem sem destino
pro dia novo encontrar
correndo vai pela terra

vai pela serra
vai pelo mar
cantando pela serra do luar
correndo entre as estrelas a voar
no ar
piuí! piuí piuí
no ar
piuí piuí piuí
adeus meu grupo escolar
adeus meu anzol de pescar
adeus menina que eu quis amar
que o trem me leva e nunca mais vai parar

VAARÃ VAARÃ VAARÃ VAARÃ
tuc tchuc tuc tchuc tuc tchuc

brisa branca brisa fria
cinzentura quase dia

luí luí   luí luí luí
tuc tchuc   tuc tchuc   tuc tchuc

lará lará larará
lará lará larará
lará lará larará
lará lará larará lará larará lará lararé
lará lará lará
lará lará lará

luí luí   luí luí luí
iuí iú   iuí iuí iuí iuí iuí

saímos de casa às quatro
com as luzes da rua acesas

meu pai levava a maleta
eu levava uma sacola

rumamos por Afogados
outras ladeiras e ruas

o que pra ele era rotina
para mim era aventura

quando chegamos à gare
o trem realmente estava

ali parado esperando
muito comprido e chiava

entramos no carro os dois
eu entre alegre e assustado

meu pai (que já não existe)
me fez sentar ao seu lado

talvez mais feliz que eu
por me levar na viagem

meu pai (que já não existe)
sorria, os olhos brilhando

VAARÃ   VAARÃ VAARÃ VAARÃ

tchuc tchuc tchuc
tchuc tchuc tchuc

TRARÃ TRARÃ TRARÃ
TRARÃ TRARÃ TRARÃ

ultrapassamos a noite
quando cruzamos Perizes
era exatamente ali
que principiava o dia

VAARÃ VAARÃ VAARÃ
VAARÃ VAARÃ VAARÃ

e ver que a vida era muito
espalhada pelos campos
que aqueles bois e marrecos
existiam ali sem mim
e aquelas árvores todas
águas capins nuvens – como
era pequena a cidade!

E como era grande o mundo:
há horas que o trem corria
sem nunca chegar ao fim
de tanto céu tanta terra
de tantos campos e serras
sem contar o Piauí

Já passamos por Rosário
por Vale-Quem-Tem, Quelru.
Passamos por Pirapemas
e por Itapicuru:
mundo de bois, siriemas,
jaçanã, pato e nhambu
café com pão
bolacha não
café com pão
bolacha não

vale quem tem
vale quem tem
vale quem tem
vale quem tem
nada vale
quem não tem
nada não vale
nada vale
quem nada
tem
neste vale

nada
vale
nada
vale
quem
não
tem
nada
no
v
a
l
e

TCHIBUM!!!

. . . .

Muitos
muitos dias há num dia só
porque as coisas mesmas
os compõem
com sua carne (ou ferro
que nome tenha essa
matéria-tempo
suja ou
não)
os compõem
nos silêncios aparentes ou grossos
como colchas de flanela
ou água vertiginosamente imóvel
como
na quinta dos Medeiros, no poço
da quinta

coberto pela sombra quase pânica
das árvores
de galhos que subiam mudos
como enigmas
tudo parado
feito uma noite verde ou vegetal
e de água

. . . .

É impossível dizer
em quantas velocidades diferentes
se move uma cidade
a cada instante
(sem falar nos mortos
que voam para trás)
ou mesmo uma casa
onde a velocidade da cozinha
não é igual à da sala (aparentemente imóvel
nos seus jarros e bibelôs de porcelana)
nem à do quintal
escancarado às ventanias da época

e que dizer das ruas
de tráfego intenso e da circulação do dinheiro
e das mercadorias
desigual segundo o bairro e a classe, e da
rotação do capital
mais lenta nos legumes
mais rápida no setor industrial, e
da rotação do sono
sob a pele,
do sonho
nos cabelos?

e as tantas situações da água nas vasilhas
(pronta a fugir)

a rotação
da mão que busca entre os pentelhos
o sonho molhado os muitos lábios
do corpo

que ao afago se abre em rosa, a mão
que ali se detém a sujar-se
de cheiros de mulher,
e a rotação
dos cheiros outros
que na quinta se fabricam
junto com a resina das árvores e o canto
dos passarinhos?

Que dizer da circulação
da luz solar
arrastando-se no pó debaixo do guarda-roupa
entre sapatos?
e da circulação
dos gatos pela casa
dos pombos pela brisa?
e cada um desses fatos numa velocidade própria
sem falar na própria velocidade
que em cada coisa há
como os muitos
sistemas de açúcar e álcool numa pera
girando
todos em diferentes ritmos
(que quase
se pode ouvir)
e compondo a velocidade geral
que a pera é

do mesmo modo que todas essas velocidades mencionadas
compõem
(nosso rosto refletido na água do tanque)
o dia
que passa

– ou passou –
na cidade de São Luís.

E do mesmo modo
que há muitas velocidades num
só dia
e nesse mesmo dia muitos dias
assim
não se pode também dizer que o dia
tem um único centro
(feito um caroço
ou um sol)
porque na verdade um dia
tem inumeráveis centros
como, por exemplo, o pote de água
na sala de jantar
ou na cozinha
em torno do qual
desordenadamente giram os membros da família.

E se nesse caso
é a sede a força de gravitação
outras funções metabólicas
outros centros geram
como a sentina
a cama
ou a mesa de jantar
(sob uma luz encardida numa
porta-e-janela da Rua da Alegria
na época da guerra)
sem falar nos centros cívicos, nos centros
espíritas, no Centro Cultural
Gonçalves Dias ou nos mercados de peixe,

colégios, igrejas e prostíbulos,
outros tantos centros do sistema
em que o dia se move
(sempre em velocidades diferentes)
sem sair do lugar.

Porque
quando todos esses sóis se apagam
resta a cidade vazia
(como Alcântara)
no mesmo lugar.

Porque
diferentemente do sistema solar
a esses sistemas
não os sustém o sol e sim
os corpos
que em torno dele giram:
não os sustém a mesa
mas a fome
não os sustém a cama
e sim o sono
não os sustém o banco
e sim o trabalho não pago

E essa é a razão por que
quando as pessoas se vão
(como em Alcântara)
apagam-se os sóis (os
potes, os fogões)
que delas recebiam o calor

essa é a razão

por que em São Luís
donde as pessoas não se foram
ainda neste momento a cidade se move
em seus muitos sistemas
e velocidades
pois quando um pote se quebra
outro pote se faz

outra cama se faz
outra jarra se faz
outro homem
se faz
para que não se extinga
o fogo
na cozinha da casa

O que eles falavam na cozinha
ou no alpendre do sobrado
(na Rua do Sol)
saía pelas janelas

se ouvia nos quartos de baixo
na casa vizinha, nos fundos da Movelaria
(e vá alguém saber
quanta coisa se fala numa cidade
quantas vozes
resvalam por esse intrincado labirinto
de paredes e quartos e saguões,
de banheiros, de pátios, de quintais
vozes
entre muros e plantas,
risos,
que duram um segundo e se apagam)

E são coisas vivas as palavras
e vibram da alegria do corpo que as gritou
têm mesmo o seu perfume, o gosto
da carne
que nunca se entrega realmente
nem na cama
senão a si mesma
à sua própria vertigem
ou assim
falando
ou rindo
no ambiente familiar
enquanto como um rato
tu podes ouvir e ver
de teu buraco

como essas vozes batem nas paredes do pátio vazio
na armação de ferro onde seca uma parreira
entre arames
de tarde
        numa pequena cidade latino-americana.

E nelas há
uma iluminação mortal
                        que é da boca
                        em qualquer tempo
mas que ali
na nossa casa
                entre móveis baratos
                e nenhuma dignidade especial
minava a própria existência.

                            Ríamos, é certo,
em torno da mesa de aniversário coberta de pastilhas
de hortelã enroladas em papel de seda colorido,
                                        ríamos, sim,
mas
era como se nenhum afeto valesse
como se não tivesse sentido rir
                numa cidade tão pequena.

                    O homem está na cidade
                    como uma coisa está em outra
                    e a cidade está no homem
                    que está em outra cidade

                    mas variados são os modos
                    como uma coisa
                    está em outra coisa:

o homem, por exemplo, não está na cidade
como uma árvore está

em qualquer outra
nem como uma árvore
está em qualquer uma de suas folhas
(mesmo rolando longe dela)
O homem não está na cidade
como uma árvore está num livro
quando um vento ali a folheia

a cidade está no homem
mas não da mesma maneira
que um pássaro está numa árvore
não da mesma maneira que um pássaro
(a imagem dele)
está/va na água
e nem da mesma maneira
que o susto do pássaro
está no pássaro que eu escrevo

a cidade está no homem
quase como a árvore voa
no pássaro que a deixa

cada coisa está em outra
de sua própria maneira
e de maneira distinta
de como está em si mesma

a cidade não está no homem
do mesmo modo que em suas
quitandas praças e ruas

Buenos Aires, maio/outubro de 1975

NA VERTIGEM DO DIA

(1975-1980)

MORTE DE CLARICE LISPECTOR

Enquanto te enterravam no cemitério judeu
de S. Francisco Xavier
(e o clarão de teu olhar soterrado
resistindo ainda)
o táxi corria comigo à borda da Lagoa
na direção de Botafogo
E as pedras e as nuvens e as árvores
no vento
mostravam alegremente
que não dependem de nós

O POÇO DOS MEDEIROS

Não quero a poesia, o capricho
do poema: quero
reaver a manhã que virou lixo

quero a voz
a tua a minha
aberta no ar como fruta na casa
fora da casa
a voz
dizendo coisas banais
entre risos e ralhos
na vertigem do dia;
não a poesia
o poema o discurso limpo
onde a morte não grita

A mentira
não me alimenta:
alimentam-me
as águas
ainda que sujas rasas
afogadas
do velho poço
hoje entulhado
onde outrora sorrimos

BANANAS PODRES

Como um relógio de ouro o podre
oculto nas frutas
sobre o balcão (ainda mel
dentro da casca
na carne que se faz água) era
ainda ouro
o turvo açúcar
vindo do chão

            e agora
ali: bananas negras
            como bolsas moles
            onde pousa uma abelha
            e gira
            e gira ponteiro no universo dourado
            (parte mínima da tarde)
em abril
            enquanto vivemos

E detrás da cidade
(das pessoas na sala
ou costurando)
às costas das pessoas
à frente delas
à direita ou
(detrás das palmas dos coqueiros
alegres
e do vento)
feito um cinturão azul
e ardente
o mar
batendo o seu tambor

que
da quitanda
não se escuta

Que tem a ver o mar
com estas bananas
                                        já manchadas de morte?
que ao nosso
lado viajam
para o caos
                              e azedando
e ardendo em água e ácidos
a caminho da noite
vertiginosamente devagar?

Que tem a ver o mar
com esse marulho
de águas sujas
fervendo nas bananas?
com estas vozes que falam de vizinhos,
de bundas, de cachaça?

Que tem a ver o mar com esse barulho?

Que tem a ver o mar com este quintal?
Aqui, de azul,
apenas há um caco
de vidro de leite de magnésia
(osso de anjo)
que se perderá na terra fofa
conforme a ação giratória da noite
e dos perfumes nas folhas
do hortelã
                    Nenhum alarde
nenhum alarme
mesmo quando o verão passa gritando
sobre os nossos telhados

Pouco tem a ver o mar
com este banheiro de cimento
e zinco
onde o silêncio é água:
uma esmeralda
engastada no tanque
(e que
solta
se esvai pelos esgotos
por baixo da cidade)
Em tudo aqui há mais passado que futuro
mais morte do que festa:
                                        neste
banheiro
de água salobra e sombra
            muito mais que de mar
                                    há de floresta

Muito mais que de mar
neste banheiro
há de bananas podres na quitanda

e nem tanto pela água
em que se puem (onde
um fogo ao revés
foge no açúcar)
do que pelo macio dessa vida
de fruta
inserida na vida da família:
um macio de banho às três da tarde

Um macio de casa no Nordeste
com seus quartos e sala
seu banheiro
que esta tarde atravessa para sempre

Um macio de luz ferindo a vida
no corpo das pessoas
lá no fundo
onde bananas podres mar azul
fome tanque floresta
são um mesmo estampido
um mesmo grito

E as pessoas conversam
na cozinha
ou na sala contam casos
e na fala que falam
(esse barulho)
tanto marulha o mar quanto a floresta
tanto
fulgura o mel da tarde
– o podre fogo –
                                        como fulge
a esmeralda de água
                                                que se foi

Só tem que ver o mar com seu marulho
com seus martelos brancos
seu diurno
relâmpago
que nos cinge a cintura?

O mar
        só tem a ver o mar com este banheiro
com este verde quintal com esta quitanda
        só tem a ver
        o mar
com esta noturna
terra de quintal
onde gravitam perfumes e futuros
        o mar o mar
com seus pistões azuis com sua festa
        tem a ver tem a ver
com estas bananas
        onde a tarde apodrece feito uma
carniça vegetal que atrai abelhas
varejeiras
        tem a ver com esta gente com estes homens
que o trazem no corpo e até no nome
        tem a ver com estes cômodos escuros
com esses móveis queimados de pobreza
com estas paredes velhas com esta pouca
    vida que na boca
    é riso e na barriga
    é fome

No fundo da quitanda
na penumbra
ferve a chaga da tarde
e suas moscas;
em torno dessa chaga está a casa
e seus fregueses
o bairro
as avenidas
as ruas os quintais outras quitandas
outras casas com suas cristaleiras
outras praças ladeiras e mirantes
donde se vê o mar
nosso horizonte

OVNI

Sou uma coisa entre coisas
O espelho me reflete
Eu (meus
olhos)
reflito o espelho

Se me afasto um passo
o espelho me esquece:
– reflete a parede
  a janela aberta

Eu guardo o espelho
o espelho não me guarda
(eu guardo o espelho
a janela a parede
rosa
eu guardo a mim mesmo
refletido nele):
sou possivelmente
uma coisa onde o tempo
deu defeito

UM SORRISO

Quando
com minhas mãos de labareda
te acendo e em rosa
embaixo
te espetalas
quando
com meu aceso facho e cego
penetro a noite de tua flor que exala
urina
e mel
que busco eu com toda essa assassina
fúria de macho?
que busco eu
em fogo
aqui embaixo?
senão colher com a repentina
mão do delírio
uma outra flor: a do sorriso
que no alto o teu rosto ilumina?

TRADUZIR-SE

Uma parte de mim
é todo mundo:
outra parte é ninguém:
fundo sem fundo.

Uma parte de mim
é multidão:
outra parte estranheza
e solidão.

Uma parte de mim
pesa, pondera:
outra parte
delira.

Uma parte de mim
almoça e janta:
outra parte
se espanta.

Uma parte de mim
é permanente:
outra parte
se sabe de repente.

Uma parte de mim
é só vertigem:
outra parte,
linguagem.

Traduzir uma parte
na outra parte
– que é uma questão
  de vida ou morte –
  será arte?

ARTE POÉTICA

Não quero morrer não quero
apodrecer no poema
que o cadáver de minhas tardes
não venha feder em tua manhã feliz
e o lume
que tua boca acenda acaso das palavras
– ainda que nascido da morte –
some-se
aos outros fogos do dia
aos barulhos da casa e da avenida
no presente veloz

Nada que se pareça
a pássaro empalhado múmia
de flor
dentro do livro
e o que da noite volte
volte em chamas
ou em chaga

vertiginosamente como o jasmim
que num lampejo só
ilumina a cidade inteira

BARULHOS

(1980-1987)

DESPEDIDA

Eu deixarei o mundo com fúria.
Não importa o que aparentemente aconteça,
se docemente me retiro.

De fato
nesse momento
estarão de mim se arrebentando
                    raízes tão fundas
quanto estes céus brasileiros.

Num alarido de gente e ventania
olhos que amei
rostos amigos tardes e verões vividos
estarão gritando a meus ouvidos
          para que eu fique
          para que eu fique.

Não chorarei.
Não há soluço maior que despedir-se da vida.

MANCHA

Em que parte de mim ficou
aquela mancha azul?
ou melhor, esta
mancha
de um azul que nenhum céu teria
ou teve ou mar?
um azul
que a mão de Leonardo achou
ao acaso e inevitavelmente
e não só:
um azul
que há séculos
numa tarde talvez
feito um lampejo surgiu no mundo
essa cor
essa mancha
que a mim chegou
de detrás de dezenas de milhares de manhãs
e noites estreladas
como um puído
aceno humano.
Mancha azul
que carrego comigo como carrego meus cabelos
ou uma lesão
oculta onde ninguém sabe.

GLAUBER MORTO

O morto
não está de sobrecasaca
não está de casaca
não está de gravata.

O morto está morto

não está barbeado
não está penteado
não tem na lapela
uma flor
                não calça
sapatos de verniz

não finge de vivo
não vai tomar posse
na Academia.

O morto está morto
em cima da cama
no quarto vazio.

Como já não come
como já não morre
enfermeiras e médicos
não se ocupam mais dele.

Cruzaram-lhe as mãos
ataram-lhe os pés.

Só falta embrulhá-lo
e jogá-lo fora.

OLHAR

o que eu vejo
me atravessa
                    como ao ar
                    a ave

o que eu vejo passa
através de mim
quase fica
               atrás de mim

o que eu vejo
– a montanha por exemplo
banhada de sol –
                     me ocupa
e sou então apenas
essa rude pedra iluminada
ou quase
se não fora
                saber que a vejo.

QUEM SOU EU?

Quem sou eu dentro da minha boca?
Quem sou eu nos meus dentes
detrás dos dentes
        na língua que se move
presa no fundo da garganta? que nome tenho
na escuridão do esôfago?
        no estômago
        na química
        dos intestinos?

        Quem em mim secreta
        saliva? excreta
        fezes?
            quem embranquece em meus cabelos
            e vira pus nas gengivas?

Quem sou eu
        ao lado da Biblioteca Nacional
        tão frágil, meu deus, na noite
        sob as estrelas?
        e no entanto impávido!
        (a mexer no armário de roupas
        num apartamento da Rua Tenente Possolo
        em 1952
        vivo a história do homem).
    J'irai sous la terre
    et toi, tu marcheras dans le soleil.

Tudo o que sobrará de mim
é papel impresso.
Com um pouco de manhã
engastado nas sílabas, é certo, mas
que é isso

em comparação com meu corpo real? meu
corpo
onde a alegria é possível
se mãos lhe tocam os pelos
se uma boca o beija
o saliva
o chupa com dois olhos brilhantes?
E sou então
praia vento floresta
resposta sem pergunta
o eixo do corpo
na saliva dourada
giro
e giramos
com o verão que se estende por todo o hemisfério sul.

Como dizer então: pouco
me importa a morte?
E sobretudo se existem as histórias em quadrinhos
e os programas de televisão
que continuarão a passar noite após noite
no recesso dos lares
numa terça-feira que antecede à quarta
numa quinta-feira que antecede à sexta
ou num sábado
ou num domingo.
Como dizer
pouco me importa?

PERDA

a Mário Pedrosa

Foi no dia seguinte. Na janela pensei:
Mário não existe mais.
Com seu sorriso o olhar afetuoso a utopia
                    entranhada na carne
                    enterraram-no
e com suas brancas mãos de jovem aos 82 anos.

Penso – e vejo
      acima dos edifícios mais ou menos à altura do Leme
      uma gaivota que voa na manhã radiante
e lembro de um verso de Burnett: "no acrobático
                              milagre do voo".

E Mário?
A gaivota voa
fora da morte:
            e dizer que voa é pouco:
                      ela faz o voo
                      com asa e brisa
                      o realiza
            num mundo onde ele já não está
            para sempre.

E penso: quantas manhãs virão ainda na história da Terra?
É perda demais para um simples homem.

DETRÁS DO ROSTO

Acho que mais me imagino
do que sou
ou o que sou não cabe
no que consigo ser
                                        e apenas arde
detrás desta máscara morena
que já foi rosto de menino.

Conduzo
sob a minha pele
uma fogueira de um metro e setenta de altura.

Não quero assustar ninguém.
Mas se todos se escondem no sorriso
                                                            na palavra medida
devo dizer
que o poeta gullar é uma criança
                                                que não consegue morrer

e que pode
a qualquer momento
desintegrar-se em soluços.

Você vai rir se lhe disser
que estou cheio de flor e passarinho
que nada
do que amei na vida se acabou:
                                    e mal consigo andar
                                    tanto isso pesa.

Pode você calcular quantas toneladas de luz
                                    comporta
                                    um simples roçar de mãos?

ou o doce penetrar
na mulher amorosa?

Só disponho de meu corpo
para operar o milagre
esse milagre
que a vida traz
e zás
dissipa às gargalhadas.

OMISSÃO

Não é estranho
que um poeta político
dê as costas a tudo e se fixe
em três ou quatro frutas que apodrecem
num prato
em cima da geladeira
numa cozinha da Rua Duvivier?

E isso quando vinte famílias
são expulsas de casa na Tijuca,
os estaleiros entram em greve em Niterói
e no Atlântico Sul começa
a guerra das Malvinas.

Não é estranho?
por que então
mergulho nessa minicatástrofe
doméstica
de frutas que morrem
e que nem minhas parentas são?
por que
me abismo
no sinistro clarão dessas formas
outrora coloridas
e que nos abandonam agora inapelavelmente
deixando a nossa cidade
com suas praias e cinemas
deixando a casa
onde frequentemente toca o telefone?
para virar lama.

II

É compreensível que tua pele se ligue à pele dessas frutas que apodrecem
pois ali
há uma intensificação do espaço, das forças
que trabalham dentro da polpa
                                        (enferrujando na casca
                                        a cor
                                        em nódoas negras)
e ligam
uma tarde a outra tarde e a outra ainda
                                        onde
bananas apodreceram
subvertendo a ordem da história humana, tardes
                                        de hoje e de ontem
que são outras cada uma em mim
e a mesma talvez
no processo noturno da morte nas frutas
e que te ligam a ti através das décadas
                        como um trem que rompe a noite
furiosamente dentro
e em parte alguma

                        – é compreensível
                        que dês as costas à guerra das Malvinas
                        à luta de classes
                        e te precipites nesse abismo
                        de mel
que o clarão do açúcar nos cega
e diverte ser espectador da morte, que é também a nossa,
e que nos atrai com sua boca de lama sua vagina
                                        de nada
por onde escorregamos docemente no sono
                                          e é bom morrer

no teatro
vendo morrer
peras ardendo
na sua própria fúria
e urinando
e afundando em si mesmas
a converter-se em mijo, a pera, a banana ou o que seja
e assistes
à hecatombe
no prato
sob uma nuvem de mosquitos

e não ouves o clamor da vida
aqui fora
na rua na fábrica na favela do Borel
não ouves
o tiro que matou Palito
e não ouves, poeta,
o alarido da multidão que pede emprego
(são dois milhões sem trabalho
há meses
sem ter como dar de comer à família
e cuja história
é assunto arredio ao poema).

É a morte que te chama?
É tua própria história
reduzida ao inventário de escombros
no avesso do dia
e não mais a esperança
de uma vida melhor?
que se passa, poeta?
adiaste o futuro?

APRENDIZADO

Do mesmo modo que te abriste à alegria
abre-te agora ao sofrimento
que é fruto dela
e seu avesso ardente.

Do mesmo modo
que da alegria foste
ao fundo
e te perdeste nela
e te achaste
nessa perda
deixa que a dor se exerça agora
sem mentiras
nem desculpas
e em tua carne vaporize
toda ilusão

que a vida só consome
o que a alimenta.

BARULHO

Todo poema é feito de ar
apenas:
a mão do poeta
não rasga a madeira
não fere
o metal
a pedra
não tinge de azul
os dedos
quando escreve manhã
ou brisa
ou blusa
de mulher.

O poema
é sem matéria palpável
tudo
o que há nele
é barulho
quando rumoreja
ao sopro da leitura.

ANO-NOVO

Meia-noite. Fim
de um ano, início
de outro. Olho o céu:
nenhum indício.

Olho o céu:
o abismo vence o
olhar. O mesmo
espantoso silêncio
da Via Láctea feito
um ectoplasma
sobre a minha cabeça:
nada ali indica
que um ano-novo começa.

E não começa
nem no céu nem no chão
do planeta:
começa no coração.

Começa como a esperança
de vida melhor
que entre os astros
não se escuta
nem se vê
nem pode haver:
que isso é coisa de homem
esse bicho
            estelar
            que sonha
            (e luta).

DENTRO SEM FORA

A vida está
dentro da vida
em si mesma circunscrita
sem saída.

Nenhum riso
nem soluço
rompe
a barreira de barulhos.

A vasão
é para o nada.
Por conseguinte
não vasa.

MEU POVO, MEU ABISMO

Meu povo é meu abismo.
Nele me perco:
a sua tanta dor me deixa
surdo e cego.

Meu povo é meu castigo
meu flagelo:
seu desamparo,
meu erro.

Meu povo é meu destino
meu futuro:
se ele não vira em mim
veneno ou canto –
apenas morro.

UMA NORDESTINA

Ela é uma pessoa
no mundo nascida.
Como toda pessoa
é dona da vida.

Não importa a roupa
de que está vestida.
Não importa a alma
aberta em ferida.
Ela é uma pessoa
e nada a fará
desistir da vida.
Nem o sol de inferno
a terra ressequida
a falta de amor
a falta de comida.
É mulher é mãe:
rainha da vida.

De pés na poeira
de trapos vestida
é uma rainha
e parece mendiga:
a pedir esmolas
a fome a obriga.
Algo está errado
nesta nossa vida:
ela é uma rainha
e não há quem diga.

MUITAS VOZES

(1999)

ELECTRA II

Qualquer coisa
eu esperaria
ver
      no céu
da rua Paula Matos
aquele dia por volta
das dez da manhã
      menos
um Electra II
da Varig (entre
os ramos quase
ao alcance
das mãos)
               num susto!

II

Foi um susto
vê-lo: vasto
pássaro metálico
      azul
      parado
      (um
segundo)
              entre
os ramos rente
aos velhos telhados
      àquela hora
da manhã,
de dentro de meu carro.

III

Electra II é
para mim
ponte aérea
Rio-S. Paulo
é cartão
de embarque
na mão e vento
nos cabelos
é
subir a escada
e voar

Electra II
para mim
é a cidade
do alto a ponte
e a salgada
baía
e a Ilha
Fiscal
antes de pousar

e sentir depois
o odor
do querosene
ardente

Natural pois
encontrá-lo
no aeroporto
Santos Dumont

mas nunca
na rua Paula Matos
ainda que
    acima da minha
cabeça (e
das casas)
    espiando
entre os ramos
como se me buscasse
pela cidade

IV

Os moradores
da rua ignoram
que naquele
instante
    um poema
tenha talvez
    nascido

não escutaram
      seu estampido
      conversavam
      na sala na
      cozinha ou
      preparando
      o almoço
      e
      no quintal
      alguém ergue
      um girau
      para plantas

Se fosse um assalto
com tiros um crime
de morte na esquina
todos saberiam mas
na rua havia
aquela hora
muito barulho:
de cão
de moto
e do próprio avião
que gerou o poema:

são vozes do dia
que ninguém
estranha: como
o trepidar
do tempo
que escorre
da torneira

por isso
se um poema
nasce
ali não se percebe
e mesmo se
naquele momento
fizesse total
silêncio
na rua
ainda assim
ninguém ouviria
detonar
o poema

porque seu estampido
(como certos
gritos)
por alto demais
não pode ser ouvido

Talvez que um gato
ou
um cão
e quem sabe o
canário
– de melhor ouvido –
tenham escutado
a detonação.

NA LAGOA

A cidade
debruçada sobre
seus afazeres surda
de rock
não sabe ainda
que a garça
voltou.

Faz pouco, longe
daqui entre aves
lacustres a notícia
correu: a lagoa
rodrigo de freitas
está assim de tainhas!
– oba, vamos lá
dar o ar
de nossa graça,
disse a garça

e veio:

desceu
do céu azul
sobre uma pedra
do aterro
a branca filha das lagoas

e está lá agora
real e implausível
como o poema
que o gullar não consegue escrever

NASCE O POETA

em solo humano
o nome é lançado
(ou cai
do acaso)

uma aurora
oculta num barulho

uma pedra
turva

a palavra
dita entre ráfagas
de chuva
e lampejos na noite:

lobo

um sopro
um susto
um nome
sem coisa

o uivo
na treva
o golpe
na vidraça

é o vento?

é o lobo

a palavra sem rosto
que se busca no espelho

2

ou se busca um espelho?

na lâmina das vozes
perdidas no sonho

na
lâmina
do
sono

da água
sonora

das coisas velozes

3

só sabia o nome
só sabia o medo
que esse nome dava

se era um mendigo
um gigante um bicho
isso não sabia

mas fosse o que fosse
viria do escuro
viria da noite
que oculta o mundo:
a rua da Alegria
e a mobília da casa

4

o que era aquilo
debaixo da cama?

uma coisa branca
molhada asquerosa

o que era aquilo
que não tinha nome?

parecia um bolo
mas não era um bolo

parecia um bicho
parecia um vômito

e que me espiava
sem olho nem nada

aquilo era o lobo

(a palavra lobo
enfim encarnada)

5

a palavra
estava
dentro da folha

(na quinta
do Caga Osso)

estava dentro
da margarida
uma
   borboleta
dentro (a pa-
   lavra)
   estava
   dentro
do fruto

  (na alva
  noite
do açúcar)

e a folha
dizia
   folha
a rosa
 dizia
   rosa
e a água
(em si mesma
refletida)
seu próprio nome dizia

rindo
entre as pedras

mas não havia
ninguém ali
para ouvi-las

e só por isso
falavam

se vinha alguém
se calavam

6

a manhã apaga
as perguntas da noite

as coisas são claras
as coisas são sólidas

o mundo se explica
só por existir

a memória dorme

o presente ri

7

a moça baunilha
uma flama negra
na quitanda morna

confunde o sorriso
com o sorrir das frutas

seu cabelo de aço
era denso e bicho

seu olhar menina
vinha da floresta

sua pele nova
um carvão veludo

sua noite púbis
uma festa azul

misturada ao mel
no calor da tarde
durou dois segundos?
uma eternidade?

ela aquele cheiro
de casa de negros
de roupa engomando
rua do Coqueiro?

ela sua saia
de chita vermelha?

hoje é uma pantera
guardada em perfume

8

No princípio
era o verso
alheio

Disperso
em meio
às vozes
e às coisas
o poeta dorme
sem se saber

ignora o poema
não tem nada a dizer

o poema péssimo
revela
ao ser lido
que há no leitor
um poeta adormecido

o poema péssimo
(por péssimo) pode
ser comovido
inda que errado
em sua emoção
inda que truncado
em sua dicção

ele guarda um barulho
de quintal, de sala,
de vento ou de chuva

de gente que fala:
ivo viu a uva

o poeta ao ler
o péssimo poema
nele não se vê

na palavra ou verso
onde não se lê –
se lê ao reverso
em seu vir a ser

e assim vira ser

já que a escrita cria
o escrevinhador:
soletra na pétala
o seu nome: flor
o mundo que é fácil
de ver ou pegar
é difícil de ter:
difícil falar
a fala que o dá

e a fala vazia
nem é bom falar

se a fala não cria
é melhor calar

ou – à revelia
do melhor falar –
falar: que a poesia
é saber falhar

9

descubro a estranheza
do mundo
num jardim destroçado
da rua dos Prazeres
esquina de Afogados

num relance, o banal
se revela denso e
os galhos as folhas
são assombro e silêncio

o que era segurança
se esquiva – perdido
falo: planta jasmim

mas a voz não alcança
o fundo do abismo

10

a boca não fala
o ser (que está fora
de toda linguagem):
só o ser diz o ser

a folha diz folha
sem nada dizer

o poema não diz
o que a coisa é

mas diz outra coisa
que a coisa quer ser

pois nada se basta
contente de si

o poeta empresta
às coisas
sua voz – dialeto –

e o mundo
no poema
se sonha
completo

EVOCAÇÃO DE SILÊNCIOS

O silêncio habitava
o corredor de entrada
de uma meia morada
na rua das Hortas

o silêncio era frio
no chão de ladrilhos
e branco de cal
nas paredes altas

enquanto lá fora
o sol escaldava

Para além da porta
na sala nos quartos
o silêncio cheirava
àquela família

e na cristaleira
(onde a luz
se excedia)
cintilava extremo

quase se partia

Mas era macio
nas folhas caladas
do quintal
    vazio

e
negro
(o silêncio)
no poço
negro

que tudo sugava:
vozes luzes
tatalar de asa
o que
circulava
no quintal da casa

O mesmo silêncio
voava em zoada
nas copas
nas palmas
por sobre telhados
até uma caldeira
que enferrujava
na areia da praia
do Jenipapeiro

e ali de deitava:
uma nesga d'água

um susto no chão

fragmento talvez
da água primeira

água brasileira

Era também açúcar
o silêncio
dentro do depósito
(na quitanda
de tarde)

o cheiro
queimando sob a tampa
no escuro

energia solar
que vendíamos
aos quilos

Que rumor era
esse? barulho
que de tão oculto
só o olfato
o escuta?

que silêncio
era esse
    tão gritado
    de vozes
    (todas elas)
    queimadas
    em fogo alto?

    (na usina)

alarido
das tardes
das manhãs

agora em tumulto
dentro do açúcar

um estampido
(um clarão)
se se abre a tampa

FILHOS

A meu filho Marcos

Daqui escutei
quando eles
chegaram rindo
e correndo
entraram
na sala
          e logo
invadiram também
o escritório
(onde eu trabalhava)
num alvoroço
e rindo e correndo
se foram
com sua alegria

se foram

Só então
me perguntei
por que
não lhes dera
maior
atenção
        se há tantos
        e tantos
        anos
        não os via
        crianças
já que
agora
estão os três
com mais
de trinta anos.

VISITA

no dia de
finados ele foi
ao cemitério
porque era o único
lugar do mundo onde
podia estar
perto do filho mas
diante daquele
bloco negro
de pedra
impenetrável
entendeu
que nunca mais
poderia alcançá-lo

Então
apanhou do chão um
pedaço amarrotado
de papel escreveu
eu te amo filho
pôs em cima do
mármore sob uma
flor
e saiu
soluçando

INTERNAÇÃO

Ele entrara em surto
e o pai o levava de
carro para
a clínica
ali no Humaitá numa
tarde atravessada
de brisas e
falou
    (depois de meses
trancado no
fundo escuro de
sua alma)
    pai,
o vento no rosto
é sonho, sabia?

QUEDA DE ALLENDE

A luz da manhã era
leitosa e não se via o
leiteiro na esquina
da Carlos Sampaio
                    Desci
com dois litros
vazios atravessei o
conjunto residencial do
outro lado da
praça havia uma fila
de gente comprando leite
e à minha frente
uma senhora se
dirigia também para lá
pensei em bancar o cavalheiro
mas o leite era
pouco deixei-a para
trás sem saber que
daquele leite
não haveria de beber

2

escondi meus escassos
dólares sob a
palmilha do
sapato pus numa
sacola escova e pasta de
dentes e saí para
participar da
resistência mas
na primeira esquina havia
numa banca de
jornais uma fila
                    ouvia-se
longe o matraquear das
metralhadoras aviões
sobrevoavam La Moneda o mundo
desabava e ainda
assim entrei na fila
para comprar cigarros

3

cheguei à Vila
Olímpica: de uma esquina
soldados atiravam contra uma
fábrica que
resistia
enquanto entre
os soldados e a
fábrica num
terreno baldio um
grupo de rapazes
jogava futebol: quando
os soldados atiravam
eles se abaixavam e
quando o tiroteio cessava
voltavam a jogar

FIM

Como não havia ninguém
na casa aquela
terça-feira tudo
é suposição: teria
tomado seu costumeiro
banho
de imersão por volta
de meio-dia e trinta e
de cabelos ainda
úmidos
deitou-se na cama para
descansar não
para morrer
        queria
dormir um pouco
apenas isso e
assim não lhe
terá passado pela
mente – até
aquele último segundo
antes de
se apagar no
silêncio – que
jamais voltaria
ao ruidoso mundo
da vida

REDUNDÂNCIAS

Ter medo da morte
é coisa dos vivos
o morto está livre
de tudo o que é vida

Ter apego ao mundo
é coisa dos vivos
para o morto não há
(não houve)
raios rios risos

E ninguém vive a morte
quer morto quer vivo
mera noção que existe
só enquanto existo

LIÇÃO DE UM GATO SIAMÊS

Só agora sei
que existe a eternidade:
é a duração
   finita
   da minha precariedade

O tempo fora
de mim
                é relativo
mas não o tempo vivo:
esse é eterno
porque afetivo
– dura eternamente
   enquanto vivo

E como não vivo
além do que vivo
não é
tempo relativo:
dura em si mesmo
eterno (e transitivo)

NÃO COISA

O que o poeta quer dizer
no discurso não cabe
e se o diz é pra saber
o que ainda não sabe.

Uma fruta uma flor
um odor que relume...
Como dizer o sabor,
seu clarão seu perfume?

Como enfim traduzir
na lógica do ouvido
o que na coisa é coisa
e que não tem sentido?

A linguagem dispõe
de conceitos, de nomes
mas o gosto da fruta
só o sabes se a comes

só o sabes no corpo
o sabor que assimilas
e que na boca é festa
de saliva e papilas

invadindo-te inteiro
tal dum mar o marulho
e que a fala submerge
e reduz a um barulho,

um tumulto de vozes
de gozos, de espasmos,
vertiginoso e pleno
como são os orgasmos

No entanto, o poeta
desafia o impossível
e tenta no poema
dizer o indizível:

subverte a sintaxe
implode a fala, ousa
incutir na linguagem
densidade de coisa

sem permitir, porém,
que perca a transparência
já que a coisa é fechada
à humana consciência.

O que o poeta faz
mais do que mencioná-la
é torná-la aparência
pura – e iluminá-la.

Toda coisa tem peso
uma noite em seu centro.
O poema é uma coisa
que não tem nada dentro,

a não ser o ressoar
de uma imprecisa voz
que não quer se apagar
– essa voz somos nós.

MUITAS VOZES

Meu poema
é um tumulto:
  a fala
que nele fala
outras vozes
arrasta em alarido.

(estamos todos nós
cheios de vozes
que o mais das vezes
mal cabem em nossa voz:

se dizes *pera*,
acende-se um clarão
um rastilho
de tardes e açúcares
        ou
se *azul* disseres,
pode ser que se agite
   o Egeu
em tuas glândulas)

    A água que ouviste
        num soneto de Rilke
    os ínfimos
    rumores no capim
        o sabor
        do hortelã
    (essa alegria)

    a boca fria
    da moça
        o maruim

na poça
a hemorragia
        da manhã

        tudo isso em ti
se deposita
        e cala.
Até que de repente
um susto
                ou uma ventania
(que o poema dispara)
                                chama
esses fósseis à fala.

Meu poema
é um tumulto, um alarido:
basta apurar o ouvido.

VOLTA A SÃO LUÍS

Mal cheguei e já te ouvi
gritar pra mim: bem te vi!

E a brisa é festa nas folhas
Ah, que saudade de mim!

O tempo eterno é presente
no teu canto, bem-te-vi

(vindo do fundo da vida
como no passado ouvi)

E logo os outros repetem:
bem te vi, te vi, te vi

Como outrora, como agora,
como no passado ouvi

(vindo do fundo da vida)

Meu coração diz pra si:
as aves que lá gorjeiam
não gorjeiam como aqui

São Luís, abril, 1996

NOVA CONCEPÇÃO DA MORTE

Como ia morrer, foi-lhe dado o aviso
na carne, como sempre ocorre aos seres vivos;

um aviso, um sinal, que não lhe veio de fora,
mas do fundo do corpo, onde a morte mora,

ou dizendo melhor, onde ela circula
como a eletricidade ou o medo, na medula

dos ossos e em cada enzima, que veicula,
no processo da vida, esse contrário: a morte

(decidida sem que se saiba de que sorte
nem por quem nem por que nem por que corte

de justiça, uma vez que era morte de dentro
não de fora (como as que causa externa engendra)

Ela veio chegando ao ritmo do pulso,
sem pressa nem vagar e sem perder o impulso

que empurra a vida para o desenlace, para
o ponto onde afinal o sistema dispara

cortando a luz do corpo – e a máquina para.
Muito antes, porém, que ocorra esse colapso,

chega o aviso da morte, indecifrado, *lapsus*
linguae, sinal errado ou mal pronunciado

no código de sais, ou não compreendido
deliberadamente: a gente faz ouvido

de mercador à voz que a morte noticia
pra não ouvi-la, já que não tem serventia

ouvi-la e assim saber que a hora está marcada.
Só para entristecer-se ante a noite estrelada?

Essa é a morte de dentro, endógena; a de fora,
a exógena, provém do acaso, se elabora

na natureza ou então no tráfego ou no crime
e implacável chega, e nada nos exime

da injusta sentença, a moral impoluta,
a bondade, o latim, nossa boa conduta,

nada: a pedra que cai ou a bala perdida
sem razão nos atinge e acaba com a vida.

Diz-se que dessa morte, a notícia também
nos chega, aleatória antecipação,

na pronúncia da brisa e dos búzios, além
do que se lê na carta e nas linhas da mão.

Mas, se vinda de dentro ou fora, não se altera
essencialmente o fato: a morte, por si, gera

um processo que altera as relações de espaço
e tempo e modifica, inverte, em descompasso,

o curso natural da vida: uma vertigem
arrasta tardes, sóis, desperta da fuligem

vozes, risos, manhãs já de há muito apagadas,
e as precipita velozmente, misturadas,

para dentro de si, como fazem as estrelas
ao morrer, cuja massa, ao ser prensada pelas

forças de contração da morte, se reduz
a um buraco voraz de que nem mesmo a luz

escapa, e assim também com as pessoas ocorre.
E é por essa razão que quando um homem morre,

alguém que esteja perto e que apure o ouvido
certamente ouvirá, como estranho alarido,

o jorrar ao revés da vida que vivera
até tornar-se treva o que foi primavera.

O MORTO E O VIVO

Inútil pedir
perdão
            dizer
que o traz
no coração

O morto não ouve

TATO

Na poltrona da sala
as mãos sob a nuca
    sinto nos dedos
    a dureza do osso da cabeça
    a seda dos cabelos
    que são meus

A morte é uma certeza invencível

    mas o tato me dá
    a consistente realidade
    de minha presença no mundo

MAU DESPERTAR

Saio do sono como
de uma batalha
travada em
lugar algum

Não sei na madrugada
se estou ferido
se o corpo
  tenho
riscado
  de hematomas

Zonzo lavo
  na pia
os olhos donde
ainda escorrem
uns restos de treva.

MORRER NO RIO DE JANEIRO

Se for março
quando o verão esmerila a grossa luz
nas montanhas do Rio
teu coração estará funcionando normalmente
entre tantas outras coisas que pulsam na manhã
ainda que possam de repente enguiçar.

Se for março e de manhã
as brisas cheirando a maresia
quando uma lancha deixa seu rastro de espumas
no dorso da baía
e as águas se agitam alegres por existirem
se for março
nenhum indício haverá
nas frutas sobre a mesa
nem nos móveis que estarão ali como agora
– e depois do desenlace – calados.

Tu de nada suspeitas
e te preparas para mais um dia no mundo.
Pode ser que de golpe
ao abrires a janela para a esplêndida manhã
te invada o temor:
"um dia não mais estarei presente à festa da vida".
Mas que pode a morte em face do céu azul?
do escândalo do verão?
A cidade estará em pleno funcionamento
com suas avenidas ruidosas
e aciona este dia
que atravessa apartamentos e barracos
da Barra ao morro do Borel, na Glória
onde mendigos estendem roupas
sob uma passarela do Aterro

e é quando um passarinho
    entra inadvertidamente em tua varanda, pia
saltita e se vai.
Uma saudação? um aviso?

Essas perguntas te assaltam misturadas
    ao jorrar do chuveiro
persistem durante o café da manhã
com iogurte e geleia. Mas o dia
    te convida a viver, quem sabe
um passeio a Santa Teresa para ver do alto
a cidade noutro tempo do agora.
    Em cada recanto da metrópole desigual
nos tufos de capim no Lido
nos matos por trás dos edifícios da rua Toneleros
por toda a parte a cidade

    minuciosamente vive o fim do século,
sua história de homens e de bichos,
de plantas e larvas,
de lesmas e de levas
    de formigas e outros minúsculos seres
transitando nos talos, nos pistilos, nos grelos que se abrem

    como clitóris na floresta.
São sorrisos, são ânus, caramelos,
são carícias de línguas e de lábios
    enquanto
            terminado o café
            passas o olho no jornal.

A morte se aproxima e não o sentes
            nem pressentes
não tens ouvido para o lento rumor que avança escuro

com as nuvens
sobre o morro Dois Irmãos
e dança nas ondas
derrama-se nas areias do Arpoador
sem que o suspeites a morte
desafina no cantarolar da vizinha na janela.

Teu coração
(que começou a bater quando nem teu corpo existia)
prossegue
suga e expele sangue
para manter-te vivo
e vivas
em tua carne
as tardes e ruas (do Catete,
da Lapa, de Ipanema)
– as lancinantes vertigens dos poemas
que *te mostraram a morte num punhado de pó*
o torso de Apolo
ardendo como pele de fera a boca da carranca
dizendo sempre a mesma água pura na noite
com seus abismos azuis –

Teu coração,
esse mínimo pulsar dentro da Via Láctea,
em meio a tempestades solares,
quando se deterá?
Não o sabes pois *a natureza ama se ocultar.*
E é melhor que não o saibas
para que seja por mais tempo doce em teu rosto
a brisa deste dia
e continues a executar
sem partitura
a sinfonia do verão como parte que és
desta orquestra regida pelo sol.

EXTRAVIO

Onde começo, onde acabo,
se o que está fora está dentro
como num círculo cuja
periferia é o centro?

Estou disperso nas coisas,
nas pessoas, nas gavetas:
de repente encontro ali
partes de mim: risos, vértebras.

Estou desfeito nas nuvens:
vejo do alto a cidade
e em cada esquina um menino,
que sou eu mesmo, a chamar-me.

Extraviei-me no tempo.
Onde estarão meus pedaços?
Muito se foi com os amigos
que já não ouvem nem falam.

Estou disperso nos vivos,
em seu corpo, em seu olfato,
onde durmo feito aroma
ou voz que também não fala.

Ah, ser somente o presente:
esta manhã, esta sala.

INFINITO SILÊNCIO

houve
(há)
um enorme silêncio
anterior ao nascimento das estrelas

antes da luz

a matéria da matéria

de onde tudo vem incessante e onde
tudo se apaga
eternamente

esse silêncio
grita sob nossa vida
e de ponta a ponta
a atravessa
estridente

FALAGENS

I

onde a flor
é lampejo
e a água
é ninfa
          líquida

quem
        ali
disfarçado
foge na folhagem?

a moça
na folhagem?

desfeita
na brisa?
oculta
na corça?

a vertigem na poça

II

automóveis largados
à ferrugem
ossadas (eixos
placas)
no matagal do domingo

na ferrugem
do domingo

entranhados de afetos
os dejetos
da era
industrial

próximo à gare
da Estrada de Ferro São Luís-Teresina

III

mesmo um trapo fala

farrapo
de voz
língua de pano

porque fala
no trapo
o trabalho
a feitura
e fala
(baixo)
a memória vegetal
do algodão

a flama
branca
da planta
(na lembrança)

ou
como fala um trapo
no chão
como a fala feita
por máquina
ou mão

como flâmula
a fala que fala
no pano

e a extraviada brancura
da flor
que fala
no trapo

e assim

a flora
aflora

IV

e como um trapo a língua
se esfarrapa
e deixa ver o
domingo e suas
nuvens
(na perdida memória)

fogem
os séculos
no capim (entre
os talos)

próximo à estação
da Estrada de Ferro São Luís-Teresina

V

uma blusa vermelha
na corda

e chove de repente
na rua do Alecrim

esperando a chuva
passar quem adivinharia
        o encontro
        em Moscou?
                (as pernas
molhadas de respingos)
quem
adivinharia
      o poema
em Buenos Aires o amor
no bairro de Fátima?

VI

os objetos da casa já marcados de abismo
quem adivinharia?

ah, dias e dias e tardes
e dias
nada restará senão

mas a lembrança
de uma
cor
encardida
um caco
de cerâmica no
quintal
a lembrança do
perfume
na horta
o metal
do hortelã

são
uma rara
alegria

VII

a metalurgia no-
turna exercida
no sono

a me-
talurgia do
pássaro
na floresta

(do canto
dele)

e dos
bichos
          miúdos
das larvas
a
metalurgia
da brisa

da lama

do inseto
azul que
come
fezes
a metalurgia
do pólen
da
espada
que há na água

(o punhal
dentro das
flores
a lâmina
disfarçada
em aroma)

RAINER MARIA RILKE
E A MORTE

RAINER MARIA RILKE E A MORTE

Ela é sumo e perfume na folhagem
é relâmpago
e açúcar
na polpa fendida

e em todo o bosque
é rumor verde que de copa em copa se propaga
entre estalos e chilreios
a morte
presença e ocultação
circula luminosa
dentro dos caules
e se estende em ramos
abre-se em cores
nas flores nos
insetos (veja
este verde metálico este
azul de metileno) e inspira
o mover mecânico
dos mínimos robôs
da floresta

E ele a ouvia desatento
no próprio corpo
voz contraditória
que vertiginosamente o arrasta através da água
até o fundo da cisterna e
no intenso silêncio
Pensou ver-lhe num susto
o rosto
que se desfez no líquido espelho
(era aquele
o rosto da morte?)

De fato o entrevira ali no
tanque do jardim?

Suspeita que era dela já aquele
olho que o espiava
do cálice da açucena ou a abelha que zumbia
enfiada na corola a sujar-se de
dourado. Ou vida seria?
Nada mais vida (e morte) que esse zunir de luz
solar e pólen na manhã
Era de certo ela, o lampejo
naqueles olhos de um cão
numa pousada em Wursburg

Mas a morte (a sua) pensava-a como
o clarão lunar
sobre a cordilheira da noite
na radiante solidão
mãe do poema

Sentia-a contornar-lhe o sorriso
esplender-lhe
na boca
pois convive com sua alegria
nesta tarde banal

Sabe que somente os cães ouvem-lhe
o estridente grito
e tentam quem sabe avisá-lo.
Mas adiantaria? Evitaria ferir-se no espinho?

Na verdade
era a morte (não brisa
que aquela tarde

moveu os ramos da roseira)

O futuro não está fora de nós
mas dentro
como a morte
que só nos vem ao encontro
depois de amadurecida
em nosso coração.
E no entanto
ainda que unicamente nossa
assusta-nos.

Por isso finge que não a pressente,
que não a adivinha nos pequenos ruídos
e diz a si mesmo que aquele grito que ouviu
ainda não era ela
terá sido talvez a voz de algum pássaro
nosso no bosque

A verdade, porém, é que a mão inflama
todo ele
queima em febre

Que se passa? Está incômodo em seu próprio corpo
este corpo em que sempre
coube como numa luva
macio, e afável, tão próprio que jamais poderia imaginar-
[-se noutro.
E agora o estranha. Olha-se
no espelho: sim são seus
estes olhos azuis,
o olhar porém
esconde algo, talvez

um medo novo. Mira
as mãos de longos dedos: são suas
estas mãos, as unhas, reconhece-as, mas
já não está nelas como antes.

Com estas mãos tocava o mundo
na sua pele
decifrou-se o frescor da água, a veludez
do musgo como
com estes olhos conheceu
a vertigem dos céus matinais
neste corpo
o mar e as ventanias vindas
dos confins do espaço ressoavam
e os inumeráveis barulhos da existência: era ele seu corpo
que agora
ao mundo se fecha
infectado de um sono
que pouco a pouco o anestesia
e anula.

Como sentir de novo na boca (no caldo
da laranja)
o alarido do sol tropical?

Se meu corpo sou eu
como distinguir entre meu corpo e eu?
Quem ouviu por mim
o jorro da carranca
a dizer sempre a mesma água clara?

Agora, porém, este corpo é como uma roupa de fogo
que o veste

e o fecha
aos apelos do dia
Com fastio
                    vê o pássaro pousar no ramo em frente
já não é alegria
o sopro da tarde em seu rosto
   na varanda.

Alguma coisa ocorre
que nada tem a ver com o nascer do poema
quando ainda sussurro sob a pele
prometendo a maravilha
                              (abafado clamor de vozes
                              ainda por se ouvir
                              a girar nas flores
                              e nas constelações)

Alguma coisa ocorre
     e se traduz em febre
                                   e faz
     a vida ruim
                    É desagradável estar ali
                    num corpo doente
                                        que queima
                    de um fogo enfermo
          que cala o mundo
                         e turva-lhe
                         o esplendente olhar.

Que se passa afinal?
          Será isto
                         morrer?
          Terá sido um aviso

o uivo que ouviu
naquela noite prateada em Ullsgraad.

Assim se acaba um homem
que sem resposta iluminou
o indecifrável processo da vida
e em cuja carne sabores e rumores se convertiam
em fala, clarão vocabular,
a acessibilidade do indizível.
E quem dirá
por ele
o que jamais sem ele será dito
e jamais se saberá?

Verdade é que cada um morre sua própria morte
que é única porque
feita do que cada um viveu
e tem os mesmos olhos azuis
que ele
se azuis os teve;
única
porque tudo o que acontece
acontece uma única vez
uma vez
que
infinita é a tessitura
do real: nunca os mesmos cheiros os mesmos
sons os mesmos tons as mesmas
conversas ouvidas no quarto ao lado
nunca
serão as mesmas a diferentes ouvidos
a diferentes vidas
vividas até o momento em que as vozes foram ouvidas ou
o cheiro da fruta se desatou na sala; infinita
é a mistura de carne e delírio
que somos e

por isso
ao morrermos
não perdemos todos as mesmas
coisas já que
não possuímos todos a mesma
quantidade de sol na pele a mesma vertigem na alma
a mesma necessidade de amor
e permanência

E quando enfim se apagar
no curso dos fenômenos este pulsar de vida
quando enfim deixar
de existir
este que se chamou Rainer Maria Rilke
desfeito o corpo em que surgira
e que era ele, Rilke,
desfeita a garganta e a mão e a mente
findo aquele que
de modo próprio
dizia a vida
resta-nos buscá-lo nos poemas
onde nossa leitura
de algum modo
acenderá outra vez sua voz

porque
desde aquele amanhecer em Muzor
quando ao lado do dr. Hammerli
subitamente seu olhar se congelou
iniciou-se o caminho ao revés
em direção à desordem

Hoje, tanto tempo depois
quando não é mais possível encontrá-lo
em nenhuma parte
– nem mesmo no áspero chão de Rarogne

onde o enterraram –
melhor é imaginar
se vemos uma rosa
que o nada em que se convertera
pode ser agora, ali, contraditoriamente,
para nosso consolo,
um sono,
ainda que o sono de ninguém sob aquelas muitas pálpebras

BIOGRAFIA

Ferreira Gullar é o pseudônimo de José de Ribamar Ferreira, nascido em São Luís do Maranhão a 10 de setembro de 1930. Aos vinte e um anos, já premiado em concurso de poesia do *Jornal de Letras* e tendo publicado seu primeiro livro de poemas, transferiu-se para o Rio de Janeiro, onde passou a colaborar em jornais e revistas, inclusive como crítico de arte. Em 1954, publicou *A luta corporal*, livro que abriu caminho para o movimento da poesia concreta, do qual participou e com o qual rompeu para, em 1959, organizar e liderar o grupo neoconcretista, cujo manifesto redigiu e cujas ideias fundamentais expressou num ensaio célebre: *Teoria do não objeto.*

Levando suas experiências poéticas às últimas consequências, considerou esgotado esse caminho em 1961, e voltou-se para o movimento de cultura popular, integrando o Centro Popular de Cultura da UNE, de que era presidente quando sobreveio o golpe militar de 1964. A partir de 1962, a poesia de Gullar reflete a necessidade moral de lutar contra a injustiça social e a opressão, muito embora não abandone os temas existenciais e líricos. Ele recomeça seu caminho poético com poemas de cordel e, mais tarde, reelabora a linguagem até alcançar a complexidade dos poemas que constituem *Dentro da noite veloz*, editado em 1975. Em 1964, publica o ensaio *Cultura posta em questão* e, em 1969, *Vanguarda e subdesenvolvimento*, em que propõe um novo conceito de vanguarda estética.

Se os versos de Gullar foram e são sensíveis a toda a problemática do homem, o seu teatro segue a mesma linha, em obra e parceria com diferentes autores: *Se correr o bicho pega, se ficar o bicho come* (1966), com Oduvaldo Vianna Filho; *A saída? Onde fica a saída?* (1967), com Armando Costa e A. C. Fontoura; *Dr. Getúlio, sua vida e sua glória* (1968), com Dias Gomes. Em 1979, edita a peça *Um rubi no umbigo.*

Forçado a exilar-se em 1971, escreve em 1975, em Buenos Aires, o seu livro de maior repercussão, *Poema sujo*, publicado em 1976 e considerado por Vinicius de Moraes "o mais importante poema escrito em qualquer língua nas últimas décadas". Para Otto Maria Carpeaux, "*Poema sujo* mereceria ser chamado de 'poema nacional', porque encarna todas as experiências, vitórias, derrotas e esperanças da vida do homem brasileiro".

De volta ao Brasil, Gullar publica, em 1980, um novo livro de poemas: *Na vertigem do dia* e, em 1986, *Crime na flora*, livro escrito em 1953-56 e que permanecera inédito até então. No terreno dos ensaios sobre arte e literatura, publica, em 1989, *Indagações de hoje* e, em 1993, *Argumentação contra a morte da arte*, livro polêmico em que questiona a validez de certas manifestações do vanguardismo contemporâneo. Retoma a produção poética com *Barulhos*, editado em 1987, estreia como ficcionista com *Cidades inventadas* (1997) e como memorialista com *Rabo de foguete*, livro em que conta as aventuras que viveu durante o exílio. Em 1999, publicou o livro de poemas *Muitas vozes*, escrito durante doze anos, e em 2010 *Em alguma parte alguma*.

BIBLIOGRAFIA

Poesia

Um pouco acima do chão, edição do autor, São Luís, 1949.

A luta corporal, edição do autor, Rio, 1954; 2ª edição, 1966; 3ª edição, 1975.

Poemas, Rio, Edições Espaço, 1958. *João Boa-Morte, cabra marcado pra morrer* (cordel) CPC-UNE, Rio, 1962.

Quem matou Aparecida (cordel), CPC-UNE, Rio, 1962.

Por você, por mim, Rio, Edição SPED, 1968.

Dentro da noite veloz, Rio, Civilização Brasileira, 1975.

Poema sujo, Rio, Civilização Brasileira, 1976; 2ª edição, 1977; 3ª edição, 1977; 4ª edição, 1979; 5ª edição, 1983.

La lucha corporal y otros incendios, Caracas, Venezuela, Centro Simón Bolívar, 1977.

Antologia poética, São Paulo, Summus, 1977; 2ª ed., 1977; 3ª ed., 1979; 4ª ed., 1983.

Hombre comun, Buenos Aires, Calicanto Editorial, 1979.

Poesias, Equador, Universidad de Cuenca, 1982.

Antologia poética (em disco, na voz do autor e música de Egberto Gismonti), Rio, Som Livre, 1979.

Ensaios

Teoria do não objeto, Rio, SDJB, 1959.

Cultura posta em questão, Rio, Civilização Brasileira, 1965.

Vanguarda e subdesenvolvimento, Rio, Civilização Brasileira, 1969; 2ª ed., 1979.

Uma luz do chão, Rio, Avenir, 1978.

Sobre arte, São Paulo, Avenir-Palavra e Imagem, 1982.

Teatro

Se correr o bicho pega, se ficar o bicho come (com Oduvaldo Vianna Filho), Rio, Civilização Brasileira, 1966.

A saída? Onde fica a saída? (com A. C. Fontoura e Armando Costa), Coleção Espetáculo, Rio, Grupo Opinião, 1967.

Dr. Getúlio, sua vida e sua glória (com Dias Gomes), Rio, Civilização Brasileira, 1968.

Um rubi no umbigo, Rio, Civilização Brasileira, 1979.

ÍNDICE

MUITAS VOZES (1999)

RAINER MARIA RILKE E A MORTE

COLEÇÃO MELHORES POEMAS

AFFONSO ROMANO DE SANT'ANNA
Seleção e prefácio de Miguel Sanches Neto

ALBERTO DA COSTA E SILVA
Seleção e prefácio de André Seffrin

ALBERTO DE OLIVEIRA
Seleção e prefácio de Sânzio de Azevedo

ALMEIDA GARRETT
Seleção e prefácio de Izabel Leal

ALPHONSUS DE GUIMARAENS
Seleção e prefácio de Alphonsus de Guimaraens Filho

ALPHONSUS DE GUIMARAENS FILHO
Seleção e prefácio de Afonso Henriques Neto

ALVARENGA PEIXOTO
Seleção e prefácio de Antonio Arnoni Prado

ÁLVARES DE AZEVEDO
Seleção e prefácio de Antonio Candido

ÁLVARO ALVES DE FARIA
Seleção e prefácio de Carlos Felipe Moisés

ANTERO DE QUENTAL
Seleção e prefácio de Benjamin Abdalla Junior

ANTÔNIO BRASILEIRO*

ARMANDO FREITAS FILHO
Seleção e prefácio de Heloisa Buarque de Hollanda

ARNALDO ANTUNES
Seleção e prefácio de Noemi Jaffe

AUGUSTO DOS ANJOS
Seleção e prefácio de José Paulo Paes

Augusto Frederico Schmidt
Seleção e prefácio de Ivan Marques

Augusto Meyer
Seleção e prefácio de Tania Franco Carvalhal

Bocage
Seleção e prefácio de Cleonice Berardinelli

Bueno de Rivera
Seleção e prefácio de Affonso Romano de Sant'Anna

Carlos Nejar
Seleção e prefácio de Léo Gilson Ribeiro

Carlos Pena Filho
Seleção e prefácio de Edilberto Coutinho

Casimiro de Abreu
Seleção e prefácio de Rubem Braga

Cassiano Ricardo
Seleção e prefácio de Luiza Franco Moreira

Castro Alves
Seleção e prefácio de Lêdo Ivo

Cecília Meireles
Seleção e prefácio de André Seffrin

Cesário Verde
Seleção e prefácio de Leyla Perrone-Moisés

Cláudio Manuel da Costa
Seleção e prefácio de Francisco Iglésias

Cora Coralina
Seleção e prefácio de Darcy França Denófrio

Cruz e Sousa
Seleção e prefácio de Flávio Aguiar

Dante Milano
Seleção e prefácio de Ivan Junqueira

Fagundes Varela
Seleção e prefácio de Antonio Carlos Secchin

Fernando Pessoa
Seleção e prefácio de Teresa Rita Lopes

Ferreira Gullar
Seleção e prefácio de Alfredo Bosi

Florbela Espanca
Seleção e prefácio de Zina Bellodi

Gilberto Mendonça Teles
Seleção e prefácio de Luiz Busatto

Gonçalves Dias
Seleção e prefácio de José Carlos Garbuglio

Gregório de Matos
Seleção e prefácio de Darcy Damasceno

Guilherme de Almeida
Seleção e prefácio de Carlos Vogt

Haroldo de Campos
Seleção e prefácio de Inês Oseki-Dépré

Henriqueta Lisboa
Seleção e prefácio de Fábio Lucas

Ivan Junqueira
Seleção e prefácio de Ricardo Thomé

Jorge de Lima
Seleção e prefácio de Gilberto Mendonça Teles

José Paulo Paes
Seleção e prefácio de Davi Arrigucci Jr.

João Cabral de Melo Neto
Seleção e prefácio de Antonio Carlos Secchin

Lindolf Bell
Seleção e prefácio de Péricles Prade

Luiz de Miranda
Seleção e prefácio de Regina Zilbermann

Luís de Camões
Seleção e prefácio de Leodegário A. de Azevedo Filho

Luís Delfino
Seleção e prefácio de Lauro Junkes

Lêdo Ivo
Seleção e prefácio de Sergio Alves Peixoto

Machado de Assis
Seleção e prefácio de Alexei Bueno

Manuel Bandeira
Seleção e prefácio de Francisco de Assis Barbosa

Marco Lucchesi*

Mario Quintana
Seleção e prefácio de Fausto Cunha

Menotti del Picchia
Seleção e prefácio de Rubens Eduardo Ferreira Frias

Murilo Mendes
Seleção e prefácio de Luciana Stegagno Picchio

Mário de Andrade
Seleção e prefácio de Gilda de Mello e Souza

Mário de Sá-Carneiro
Seleção e prefácio de Lucila Nogueira

Mário Faustino
Seleção e prefácio de Benedito Nunes

Nauro Machado
Seleção e prefácio de Hildeberto Barbosa Filho

Olavo Bilac
Seleção e prefácio de Marisa Lajolo

Patativa do Assaré
Seleção e prefácio de Cláudio Portella

Paulo Leminski
Seleção e prefácio de Fred Góes e Álvaro Marins

Paulo Mendes Campos
Seleção e prefácio de Guilhermino Cesar

Raimundo Correia
Seleção e prefácio de Telenia Hill

Raul de Leoni
Seleção e prefácio de Pedro Lyra

Ribeiro Couto
Seleção e prefácio de José Almino

Ruy Espinheira Filho
Seleção e prefácio de Sérgio Martagão

Sosígenes Costa
Seleção e prefácio de Aleilton Fonseca

Sousândrade
Seleção e prefácio de Adriano Espínola

Thiago de Mello
Seleção e prefácio de Marcos Frederico Krüger

Tomás Antônio Gonzaga
Seleção e prefácio de Alexandre Eulalio

Vicente de Carvalho
Seleção e prefácio de Cláudio Murilo Leal

Walmir Ayala
Seleção e prefácio de Marco Lucchesi

*PRELO